1841
一八四一

何處不他鄉？
小眾宗教在東亞

孔德維主編

1841
一八四一

目錄

正文

附錄

—編者序—

何處不他鄉？小眾宗教在東亞

孔德維・早稻田大學高等研究所助理教授

李白說「但使主人能醉客，不知何處是他鄉」，這是離鄉者的福音。但人生更多的場景卻會像耶穌所說的，「沒有先知在自己家鄉被人悅納」。即使在自己的家鄉，我們也可以成為「小眾」；即使過去不是「小眾」，也可能一夕之間成為「小眾」。一個我上課很喜歡引用的例子是：試想像您是十四世紀末廣東沿岸的一個中年水手，幾代人的謀生技能在大明國立國後「片板不許下海」口號下，一夕之間成為被控「姦民」的理據。屆時，您會放棄固有的生計，進入內陸學習新的經濟技能，或是挺而走險在帝國的鷹眼下繼續既有的生活方式，其實往往是一念之間的抉擇。

如果任何人都有機會成為「小眾」，誰／甚麼是「小眾」就不再有決定性的答案。這一想法的由來，需要敘及多年前的故事。在本書出版的十二年前，筆者在香港中文大學宗教系的入學面試中首次與恩師黎志添教授見面，當時黎志添師與一眾來面試的中學畢業生討論了關於「新興宗教」的問題。黎師當時論及一切宗教均有「新興」的階段時，這對剛從公開考試訓練中解脫中的筆者，真的有著醍醐灌頂的經驗。今天我們認識的宗教在歷史上的某一時空，都是當時的「新興」或「小眾」宗教，那昔年的天師道有可能是未來的法輪功嗎？在往後的十年，筆者一直對當年面試中的討論未能忘懷：如果每一宗教都可能是「小眾」的信仰，那在作為「小眾」的階段中，不同的宗教有類近的行為嗎？如一切的宗教皆曾屬乎「小眾」的標籤，它們又如何脫離「小眾」而成為社會所能接受的「正信」呢？如果「小眾」在某些情境中可以被轉化為「主流」的一環，它們轉化的過程又是如何進行的？

讀者應該關注的是，在世態恆變的今天，我們在不同層面上都成為了「小眾」。即使我們在社會的一些面向上與「主流」類近，一旦在另一些層面上「我們」與「他們」相異，本書所談及的「小眾」經驗就可能與我們相關。今天人類社會的複雜程度，較於人文學者的想像更為可怕。當《一九八四》的作者在一九四九年幻想著每人家中電視機約束著國民「開電視」時間的長短時，今天的我們已24/7 地活在大數據的演算法之下。由於在某程度上我們都是「小眾」，如果我們祇想在大時代中成為「主流」，我們祇會每天被扭曲地 set agenda（設定進程）：看見似是主流的事就做，或有人提議做的就做，生命非常被動，最終隨波逐流，為了成為「主流」而迷失自我，繼而懷疑這段自己所不信服的人生。本書終章莫家浩教授的關於拿督公研究，揭示了在衝突的文化之間，「小眾」也可以創造出嶄新的生存空間，為「小眾」的存續提供了另一種可能性，其實也是筆者理想中的「小眾」出路。

理想豐滿，但現實也可能非常骨感。值得追問的是，生在文化多樣的東亞社會，我們是否有能力吸取不同宗教／傳統的價值，在多樣文化的邊緣之間創造自身的空間中，既不為「殺君馬」的「道旁兒」而折腰，同樣不為二元對立的公共空間，否定了一抒己見的可能。在很大程度上，每個作為「小眾」的「人」天天都在和自己博弈，思考怎樣在妥協中生存、怎樣儘量成就自身理想，卻不要被「主流」社會視為恐怖分子或「白卡」。但在現實中，這樣的掙扎其實非常痛苦，往往也不足為外人道。於是，即使在所生所育的「家鄉」，亦會感到無限的孤寂。

本書旨在擴闊學者能夠接觸的光譜，思考我們在日常用語中所稱為「小眾」的團體或個人究竟何以被定義為「小眾」；在大眾的層面，我們則希望與讀者共同思考我們與同溫層的「圍爐」，是否因為我們不必要的偏見而「越圍越小」？無論如何，這些問題都是過去十數年間筆者與學界不同友人饒有興趣的討論題目。在二〇二三年十二月在臺灣人文社會科學研究中心及國立政治大學華人宗教研究中心支持下，筆者組織了「側目・操戈・共存：東亞小眾宗教國際會議」，邀請了馬來西亞、臺灣、香港的學者發表他們關於東亞不同「小眾宗教」的研究成果。是次會議中的絕大部分作品均收入本書，筆者亦邀請了一些沒有與會學者為本書關於小眾宗教的討論擴闊想像。本書不斷追問的核心問題是：「誰是『小眾宗教』呢？」我認為這是恆古需問的問題。人類社會是複雜、多樣的，但人類在當中需要伴侶，所以我們幻想「他者」與我的相近性。這自然不是真實的，故當我們發現我的想法／倫理觀／價值觀與「他者」相異時，我們很多時候會動輒得咎地以為「他者」便是妖魔。由此推論出去，這種妖魔化的想法也自然包含了各種視「他者」為「異類」的成分。人類社會黨同伐異的確是常態，但與異質的「他者」共存的能力，也同樣是人類寶貴而重要的特質。

這本小書得以面世，在很大程度上依靠了國家科學及技術委員會人文社會科學研究中心主任何明修教授、國立政治大學李玉珍教授、林振源教授、義大利新興宗教研究中心 Massimo Introvigne 教授的支持。李登輝基金會執行長鄭睦群、國立政治大學宗教研究所葉先秦教授、國立臺灣師範大學東亞學系助理教授莊仁傑撥冗為「側目・操戈・共存：東亞小眾宗教國際會議」擔當評論人的崗位，亦對本書作者的想像與討論提供了不可多得的幫助。眾所周知，臺灣學界行政機構官僚文書的複雜程度，很可能不亞絕大部分學者付出終生以研究的議題，是次會議得以舉行且本書得以出版，大大有賴於國家科學及技術委員會人文社會科學研究中心的同寅吳玉佩、陳慧穎、杜美慧及一八四一出版社助理曾慶飛的幫忙。

以外人的身分在臺灣生活了四年，筆者曾不下數十次聽到臺灣的朋友因為想要讓遠從香港而來的客人更為舒泰，而說出「來了臺灣就好了」、「臺灣人很善良，我們是世上最宜居的地方呢~」在一定程度上，這確是真實。但甚麼是「善良」呢？很多時候，我們忘記了它由不得我們決定。

二〇二四年五月三十一日於日本湯島聖堂

推薦序

從邊緣到主流，重新審視小眾宗教的力量與意義

果定法師・臺灣淨修禪院

身為一個僧人，出家十餘年的生活，一直受到大型僧團的栽培，以往也曾經發聲抨擊過「附佛外道」，或是「民間信仰」；但今天卻為本書《小眾宗教在東亞》，寫一些讀後心得，其實也是剖白自己內心的深思，將觀念上的轉變與諸位讀者分享。

在佛教而言，我們其實應正視小眾宗教，為什麼呢？佛教的教主——釋迦牟尼佛，於兩千五百年前，降誕於印度，捨卻王子的富貴、進入雪山，過著極端苦行的生活，長達六年，而後自覺，放縱的享樂或極端的苦行，都不能獲致解脫，

因此，捨卻苦行，追求不苦不樂的「中道行」，悟道成佛。

然而，成佛後的世尊，及其所建立的教團，在當時印度的主流宗教下，是個邊緣化的群體，如印度主流是苦行主義，或是禁語、絕食的極端行為，而世尊於制定戒律時，反對這種極端式的修行，並在僧團中廢除種姓的不平等——「四河入海，同一鹹味，四姓出家，皆名釋子。」這些思想都對整體的宗教圈造成巨大的衝擊，甚至一度形成僧團的分裂（僧團的反派人物：提婆達多，就以強調極端的苦行，別立嚴苛的五法，誘使五百比丘脫離佛陀，另立教團。）

又如釋迦牟尼佛在世時及滅度之初，小乘流行、大乘隱沒，揆而論之，則當時的大乘佛教，也是「小眾宗教」，必須待時而生，因此有馬鳴、龍樹，闡《起信》、《智論》，則能樹立起大乘法巍巍的勝幢，成為普世流行，甚至遠傳於中國、日本、韓國、越南、不丹的大宗教群體。

因此，此時的「小眾」，未始不會成為未來的「流行」；今日的「異端」，有朝一日或許成為「主流」，因此，平心而論，我們當以更開放、更客觀的心態，去省思這些宗教行為的背後意義，而不是武斷的貼上「外道、邪說」的標籤，將之拒於心靈空間之外。

再者，細讀此書則會發現，其實所謂的小眾宗教，也具有一定的群眾基礎，那為何會吸引信徒？除了神蹟、感應等不可解的現象外，主要還是能「貼近信徒的生活、滿足人們的慰藉」，因此，小眾宗教文化的形成，其實也就是群眾生活渴望與共性，所集成的社會現象。

讀者諸君靜聽。若您是一名心靈探索的追求者，則細讀此書，會讓我們更加溫暖，放下尖銳的批判，而理性的審視這些非主流的宗教信仰；又或者您只是一名樂於翻閱閑書的文化人，則小眾宗教的議題，相信是獨特而又有趣的閱讀題材。

因著成功大學毛帝勝博士的邀稿（他同時也是本書中《聖宗古佛》一文的作者），而有了撰文推薦本書的機會，希望每位讀者，都能用更開闊、更平實的心態，去細品此書，願我們在未來，都能見到這些小眾宗教，朝著淨化人心、福利社會，甚至是佛教中所謂的「菩薩有二事——謂莊嚴國土、成熟有情」的偉大目標而進化，成為一個盛大的宗教群體。也祈願每位讀者，在心靈成長的道路上，都能不邪不曲、一路坦途。是為序。

二〇二四年八月六日

推薦序

道教與法教的歷史轉變，從邊緣信仰到主流宗教的啓示

張峻隴（羅隴）・道教盟龍門掌門／臺中清水吉慶壇負責人

身為道教正一道士與法教閭山派法師，二〇二〇年三月十三日受原境佛教人文藝術團隊的邀請，演講「二〇二〇原境春季主題展：善哉神德」的系列講座，其中談過「宗教寬容與宗教多元化」；而現在又看這個主題，讓我覺得多有感觸。我所處的這個信仰可以說是華人世界的主流宗教群體，而在閱讀《何處不他鄉？小眾宗教在東亞》的書稿後才明白，除了道教之類的「大眾宗教」之外，還有一群反映出各種社會面貌的「小眾宗教」，像是之前毛帝勝研究員跟我分享過的天

德聖教、在理教、巴哈伊教之類的，還有之前看孔德維教授《何處不他鄉？小眾宗教在東亞》一書內提及的宗教群體與其現象，讓我才明白原來所謂的「小眾」不單單只針對新興出來的信仰群體，而是任何宗教群體在特定的環境框架下都可能成為「小眾」的存在，像是目前世界第二大宗教的伊斯蘭教，在臺灣或香港相對而言都是「小眾」的存在，而這個小眾在大環境中要如何轉型才能繼續發展下去，這也都是框架內信仰者所要突破的點。

從歷史上來看，目前作為大眾的「道教」與法教在形成之初也都是「小眾宗教」群體，只是為了生存與發展，當時道士依附在門閥貴族的利益中發展而先後形成為貴族與朝廷制定的相關齋醮法科；而法教最初屬於民間巫術的一環，始終被上位者與貴族所忌憚，因而長期依附在道教理頭，最後被道教吸收轉型成為依附在大群體下的宗教群體，這也讓這個教派不致於消亡。類似的情況，在我翻閱《道藏》時也有類似的發現，也就是在武周時期，女皇武則天主張「揚佛貶道」，而使大環境的氛圍向佛，從根本上影響到道教生存空間，斯時道教也為了生存而接納部分佛教教義轉型之。因此目前道教許多咒語都是「唵」開頭「莎訶」結尾，正是從佛教的「om」與「svaha」的真言型制而來；甚至目前閭山派內的祖師龍樹醫王、寶王尊聖、金咤太子，其實都是從佛教的龍樹菩薩（大乘佛教創始人）、鄔樞澀摩明王（穢跡金剛）與佛陀瞿曇太子有著東西文化交流的痕跡。

同時書內更加強調的義理，不僅僅是點出異同、交流與涵化，更是點出我們不該以大眾者思維對小眾作標籤化動作，反而是要包容、同理與尊重，這不僅符合道教思想的核心海納本懷「由萬而一，由一而萬」之思維，還是符合目前臺灣社會多元包容的信仰價值。此次，蒙孔德維教授與毛帝勝研究員的邀請，敝人誠惶誠恐，撰寫此序，僅表個人對當前宗教之見解與一些感悟。

二〇二四年八月八日

——推薦序——

法教的歷史傳承與現代挑戰，突破小眾宗教的桎梏

唐興國（法號：登龍）．法教五宗九龍九鳳登龍大法主、法教在俗一一二世五宗太皇教主；周天法教會、法教總會、中華星相命理卜卦堪輿協會理事長；國際法教會、世界法教會榮譽理事長

這次毛博士邀請，拜讀東京早稻田大學的孔德維教授與各專家學者們譜寫的《何處不他鄉？小眾宗教在東亞》研究一書。其實看完這本書後，我便想到過去這三十年來，自己在法教的心路歷程。從我們法教內部的神話與歷史來看，最初峰道始祖將〈五炁真元〉降下人間後，便揀選了周文王姬昌（法教五宗第一世教

主）與姜子牙（法教五宗輔教教主），而開闢以周文王為教主的法教，那時候法教是全中國的主流宗教，從兩千多年前，也就是漢、唐以來朝廷對法教的打壓，才迫使法教轉入地下，成為隱藏在道教羽翼下的「小眾」的隱逸存在。長此以往，許多法教的弟子們，雖都自許「法門弟子」，但都忘記自己曾經是獨立的存在，甚至將認同轉移到長期依附的道教底下。

就我個人而言，因為我們家族從祖上便有傳承法教的派令，當父親唐章武與祖父唐文增要將這份教業交代給我的時候，當時我選擇參與道教中國嗣漢天師府駐臺辦公室（中國嗣漢道教協會）的會務，成為第六十四代教主張源先天師麾下的提派大法師，這個舉動讓我的父親失望，認為我的行為「忘了法門失了根」，這讓我痛徹心扉。不過當時自己認為要將法教正名，不得已只能跟祖師們一樣暫時依附在道教旗下。但我也在適當的時機下與六十四代天師聊到法教的事情，當時他很訝異「法教怎麼可能還有呢？」我便回答：「目前自己是秘傳的『法教五宗掌門』，法教還在的，但我在道門還是您的徒。」當時天師點了點頭，也默認法教在臺灣的復教，在我的心底來說，此時才開始打破從兩千年以來的依附在道教旗下，法教才慢慢走出這長期依附的階段找回自己。

縱觀投入復教運動這三十年，從宗教面與學術面上有件事也讓我欣慰，就是越來越多法門弟子開始用「法教」自居，同時學界也開始將諸多「道教法派」之稱謂轉以「民間法教」稱之，但同時在定義上面又把「法教」侷限在單純的巫術，甚至理解成法教是次於道教的存在。就我個人主觀理解，這對「法教」的義理具有本質上的誤會。因為法教實際上是「五炁真元」而蘊育著五宗，仙宗（山）、丹宗（醫）、玄宗（命）、靈宗（卜）、顯宗（相）皆具備才是真正法教的全貌，而非單一巫術，也就是「山」（仙宗）而已。這個現象也讓我深深覺得，如同在逐漸大眾的路途上又同時存在著小眾狀態。

因此，自身要突破這種「小眾」的局限轉進「大眾」的進程，這幾十年來個人先是投入廣播頻道（A.M.與F.M）發展出屬於個人的品牌，並藉此以法教的教理解決人們的各種疑難雜症，其次在自媒體傳播起來後也開始著手在YouTube與臉書等公眾社交平台建立起直播間，將法教教理傳承下去。再者，也在毛帝勝博士與蔡至哲教授等人的邀請下，參加各大宗教的交流會與學術研討會，讓我意識到法教未來的拓展，也能反映從小眾回歸大眾的過程。在這裡分享點自己對這本書的心得與兼述心路歷程，還望各界朋友們指教。

願　峰道始祖大天尊賜福大家

法元歸真

二〇二四年八月八日

推薦序

小眾宗教的社會學意義

顧忠華・國立政治大學社會系退休教授

「小眾宗教」顧名思義便是和「大眾宗教」對立的概念，但卻也是在人類歷史上，相當普遍且恆久的經驗現象。本書針對了廣泛區域的形形色色「小眾宗教」，進行了描述和剖析，提供了一幅色彩繽紛的圖像，對於想要多理解世界「宗教拼圖」的讀者們，可說打開了許多扇窗，足以一窺各種類型「小眾宗教」的究竟。

從宗教社會學的角度來看，「宗教」本身就如同「社會」的化身，任何集體性的亢奮、崇拜、儀式、朝聖……背後都存在著一股超越個人的力量，經過歲月的累積與傳承，往往即會由小眾、新興、開創的屬性，演變成大眾、建制與主流的傳統宗教。過去的宗教社會學研究，通常較注重影響廣泛的「世界宗教」，如德國社會學大師韋伯（Max Weber）的成名作，即是探討基督新教與資本主義精神之間的關聯，強調主導現代生活的資本主義，在西方興起時和十六世紀初的宗教改革有著「選擇性的親近」，而之後他為了印證自己的論點，更進行了泛文化的宗教考察，由儒教、道教、印度教、佛教、伊斯蘭教、到古代猶太教，等於梭巡了各個大型的宗教體系，因此他將這個系列的著作，統稱作《世界諸宗教之經濟倫理》，從此奠下了研究宗教的重要典範。

不過，有趣的是，韋伯雖說著眼於分析東西方的「大眾宗教」，但是他認為真正能突破傳統主義樊籬而開創資本主義「精神」的，則是基督新教中的喀爾文「教派」，某種程度而言，這些因應宗教改革而生的小型「教派」，亦符合本書「小眾宗教」的定義。韋伯曾經詮釋這類教派與傳統天主教的主要差異，在於其顛覆了天主教的「恩寵普遍主義」，改成「恩寵特定主義」，也就是只有相信該教派對於聖經獨特主張的信徒，經過考核才能成為「選民」，這亦是歸屬教派的信徒們擁有巨大凝聚力的關鍵精神來源。

換句話說，以上的論述似乎反倒強化了「小眾宗教」的重要性，也不啻彰顯了本書涉及東亞區域各種小規模信仰的社會學意義。本書較為宏觀的導論及理論性論文都觸及到：現今所謂的「世俗化」並不意味著宗教的「衰退」，而是更蓬勃發展的「靈性市場」，亦即在多元化的「光譜」中，隨時可能誕生新的「卡理斯瑪共同體」（韋伯語），形成了某部分「小眾」賴以慰藉心靈的寄託對象。各式各樣的動機，無論來自「修煉」（法輪功、太極門）、「預言啟示」（韓國福音宣教會），或是社群凝聚（香港印度遊樂會）的需求、乃至傳統宗教轉型案例（藏傳佛教、穆斯林）都指向一批信眾尋求「嶄新生存空間」（孔德維語）的努力。本書論文也涵蓋了不同時空背景下，衍伸自傳統「大眾宗教」的創新實驗，如理教、天德教、天主教聖經劇、美以美會女傳教士……等等，十分包羅萬象，不禁開拓了吾人對於宗教能夠涉入領域的想像力。

最後，我個人對於本書描述的很多宗教現象並不熟悉，但的確認同本書出版有可能增進臺灣社會在「宗教自由」原則下，對於「異端」的包容力和同理心。在另一位德國社會學家盧曼（Niklas Luhmann）的宗教理論中，宗教乃是一種「溝通系統」（和本書導論提到的哈伯馬斯所定義的「溝通」不同），意思是只要在集體的溝通情境下，信眾們認定他們共同建構了宗教的「意義」，透過這種「一般性的溝通媒介」，自然便產生了「宗教系統」的「功能」。所以，宗教是否發生功能，取決的不在「大眾」或「小眾」，或許俗話說「心誠則靈」，也可以用來作為這篇短序的結語吧！

不單被「面斥」的「不雅」與「仆街」：我們應該如何想像「小眾宗教」？

——孔德維・早稻田大學高等研究所助理教授

二〇一八年香港傳奇的表演者黃子華（一九六〇—）以《棟篤笑之金盆哴口》為題，作為自一九九〇年棟篤笑系列的告別作。《棟篤笑之金盆哴口》以二十六場爆滿的佳績落幕，可說是當年香港文化界的一件大事。表演的兩個大主題分別是香港如何以「面斥不雅」的概念以「自律」的方式維持社會秩序的現象，以及三件關於性小眾及性侵害受害者的討論，包括：支持爭取同性戀合法、為性工作者爭取權益，以及為被捲入二〇〇八年陳冠希照片被盜事件的藝人平反。黃子華在結尾引用戰後香港重要的文化人黃霑（一九四一—二〇〇四）的觀點，認為霑叔寫《不文集》是要「為真小人爭取社會地位，不讓偽君子們霸佔了全世界」。而何謂一個進步的社會？就在於真小人於社會有多少地位。[1]

事實上，「面斥不雅」與「為真小人爭取社會地位」其實是一體兩面的現象。香港中文大學日本研究學系講師劉正就認為《棟篤笑之金盆哴口》回顧了七、

1／黃子華，《黃子華棟篤笑系列的第 15 輯：金盆哴口》，VJ Limited 主辦（香港：紅磡香港體育館，2018.07.06-31）。

八十年代香港社會對「不雅」行為的態度，以及這種態度隨時間的變化。他認為黃子華其實想要探討社會規範（Social Norm）如何影響個人行為和社會秩序，並討論了當這些規範被忽視時可能引發的災難／搞笑後果。「面斥不雅」對於保護社會價值、促進公民自我約束當然有其重要性，但同時「何謂不雅？」是社會建構的文化產物，並非萬世不易的原則。當「不雅」成為固化教條後，人與人之間的相互約束就會失衡／失控，對社會和諧與多樣性造成威脅，更會影響社會中小眾與弱勢群體的存續。[2]

事實上，在人類歷史中被視為「不雅」而需要被「面斥」或是以更高規格對治的群體，多與特殊的宗教信仰或倫理觀點、操作相關。舉例說，獵巫（Witch-Hunt）的行為幾乎可以在大部分人類社會以不同形式找到。卡繆（Albert Camus）在一九五五年評論自己的名作《異鄉人》（L'Étranger）時就提到：「在我們的社會裡，任何不在他母親葬禮上哭泣的人，都有被處以死刑的危機……不參與『社會主流的』遊戲，就是本書主人翁被『社會』譴責的原因。」（In our society any man who doesn't cry at his mother's funeral is liable to be condemned to death'... the hero of the book is condemned because he doesn't play the game.）[3]王明珂二〇二〇年的著作《毒藥貓理論：恐懼與暴力的社會根源》，對人類社會之於「小眾」（minority）的排他性（exclusiveness）傾向，有更透徹的說明。

王明珂認為近現代複雜社會中，人類並沒有失去在原初社群中黨同伐異的本能，家庭、家族、宗族、民族國家與宗教都是蘊含原初社會因素的群體，因此懷疑異己、以異己為種種不幸的「替罪羊」（scapegoat）的傾向仍然左右其發展。另一方面，人類也會在不同場域自視為「小眾」或「替罪羊」，深陷於己身族群被逼害的恐懼。這種恐懼可能促使社會成員的封閉自守，也可能合理化不同程度的暴力行為，成為社群中的「毒藥貓」。[4]

如果連同黃子華與劉正所關心到的觀點，即「不雅」具有流動性，而成為「小

2／Henryporter（劉正），〈【觀察】面斥不雅的社會效益與成本〉，AM730 (https://shorturl.at/kzCQ2，2024.03.31)

3／Albert Camus, The Outsider (London: Penguin, 1982), p.118.

4／王明珂，《毒藥貓理論：恐懼與暴力的社會根源》，臺北：允晨文化，2021年。

眾」往往因個體或群體的價值觀及其處社會文化背景相關，那我們可以合理地想像到每個人都有成為「異鄉人」的可能性，而任何宗教，在足夠不幸的場境，就可以成為「小眾宗教」。本書命名為《何處不他鄉：小眾宗教在東亞》，關心的正正是不同宗教在東亞各個歷史場境上成為「小眾」的過程或成為／被成為「小眾」後的思與行。

一、作為「底層」的小眾宗教

小眾權益在非政府的社會制約中被剝奪的現象，自然不是香港或東亞獨有。於二〇二〇年代末，歐美文化中出現了一個新詞彙——「取消文化」（Cancel Culture）。取消文化涉及公開批評或抵制被認為是令人反感或具冒犯性（offensive）的個人或機構。[5]

英國《每日電訊報》（The Daily Telegraph）二〇二一年就以「Is Cancel Culture the Modern-Day Witch Trial」為題，將「取消文化」與歐洲中古獵巫（witch-hunts）及冷戰時期緝捕「共匪」的麥卡錫主義（McCarthyism）比擬，認為社會指責某人或行為在過去或當下對社會或其所信奉的倫理有所顛覆，並以大規模、無差別的公開指責，是對受害人作人格謀殺，亦非符合程序公義之舉。[6] Nicole Dudenhoefer 留意到它的起源與黑人社群以相互侮辱取笑的文化遊戲相關，在二〇一〇年代則漸漸成為了社會抗議的一種形式。

公開羞辱（public shaming）作為取消文化的核心，類同於「面斥不雅」中的「面斥」。公開羞辱是人類社會長久演化以來對不符主流倫理者的處理方式，是用來維持社會秩序和規範的手段。[7] 但「面斥」在現代社交媒體的病毒性傳播，愈

5／“What does cancel culture mean?” Pop Culture Dictionary, 2021.09.07, https://www.dictionary.com/e/pop-culture/cancel-culture/.

6／Is cancel culture the modern-day witch trials?”, The Telegraph, 2021.02.05, https://www.telegraph.co.uk/news/0/cancel-culture-modern-day-witch-trials/.

來愈難準確並合符比例。Dudenhoefer 特別提及名人和有權勢的個體經常成為取消文化的目標，正面閱讀可以反映出公眾試圖對具權勢者的不當言行作出約束，但具批判性地理解，這些公開羞辱更可能是純粹旨在為道德倫理的小眾帶來懲罰性的傷害。[8]

歷史上，宗教範疇的「小眾」或「小眾宗教」（minority religion）常為主流社會公開羞辱、批評或抵制的對象。「面斥不雅」、「取消文化」、「獵巫」，或是東亞宗教語言中的孔子的「攻乎異端」[9]、「破邪顯正」[10]，對被攻詰的「小眾」來說很可能不過是程度之別。之所以需要「面斥」隱含的就是「不雅」的存在本身，就可能對社會整體構成傷害。當「不雅」想要再進一步推廣開去時，「面斥」就很可能要進級至更大的尺度了。

黎志添在介紹宗教對「此世」（This-worldly）社會具重大影響能力的同時，引用了 Jean-Francois Lyotard（一九二四—一九九八）的觀點，提醒研究者「宗教」對社會同時具有「世界秩序的鞏固」（world-sustaining）、「世界秩序的轉化」（world-transforming）和「世界秩序的破壞」（world-destroying）這三種特性。

黎志添的觀點對我們的討論有深刻的意義：當宗教有構築「此世」秩序——「雅／不雅」、「正統／異端」的功能時，亦具有轉化以致破壞的可能性。而既定秩序與某宗教的世界觀產生矛盾時，二者或會相互轉化，也可能會相互破壞，更有可能協調出新的共存模式。這種演化的過程中，社會的不同板塊也存在競爭的關係，而招徠此世秩序管理者的不安。[11]所以當小眾宗教嘗試提出另一套世界觀和價值的時候，他們的意見往往會被主流秩序管理者污名化地貼上「迷信」、「原始」、「非科學」一類的標籤。

7／Jörg Wettlaufer, "Neurohistorical and Evolutionary Aspects of a History of Shame and Shaming," in Environment, Culture, and the Brain, ed. Edmund Russell (Germany: RCC Perspectives, 2012), 6: 49-54.

8／Nicole Dudenhoefer, "Is Cancel Culture Effective?", Pegasus, Fall 2020, https://www.ucf.edu/pegasus/is-cancel-culture-effective/.

9／阮元，《十三經注疏》，北京：北京大學出版社，2000年，卷2，頁21-22。

10／吉藏，《三論玄義》，《大正新脩大藏經》，第45冊，第1852號，佛典妙供，https://www.sutrapearls.org/（2020年4月10日）。

11／黎志添，《宗教研究與詮釋學：宗教學建立的思考》，香港：香港中文大學出版社，2003年，頁133-136。

這一類的標籤，在一定程度上否定了與小眾宗教的信仰者對話的需要和可能性，從而將他們排擠在「公共領域」（Public Sphere）之外。哈伯瑪斯（Jürgen Habermas，一九二九－）認為「公共領域」的概念高度依賴社會的公民通過不同形式緊密參與社群政治，故得以在國家（state）政治權力之外，使社會成員自由討論及參與公共事務。但 Lasse Thomassen 留意到，哈伯瑪斯的「公共領域」以知性交流為核心，閱讀、寫作、對話均為社會成員自主地參與政治事務的形式。

然而，宗教不論主流或小眾，在這一體系中都從屬於世俗的知識，祇能提出私人的、倫理的意見，而不被接納為政治的、嘗試改動社會的主張。[12] 這不期然令我們想起 Gayatri Chakravorty Spivak（一九四二－）關於「底層」（subaltern）的描述：所謂「底層」，就是任何發言均為失卻立場與意義，而沒有能力自我表述的個體或群體，在歷史敘事中失卻自主性／能動性（agency），故而模糊不清，祇能在「他者」的敘事下被想像。Spivak 正正以被主流揚棄的宗教行為作為「底層」研究的起點。

在一九八八年 Spivak 的文章〈Can the Subaltern Speak？〉，以「娑提」

（Sati），即印度教中寡婦自焚殉夫的儀式為例。西方殖民者眼中，「娑提」源於父權社會的統治架構，女性在印度教神學中被破例允許自殺，是由於女性被視作丈夫的私有財產。所以「娑提」經常被用於說明印度文化落後、野蠻；而在「娑提」對立面的殖民行為就是合理、文明的行為。不過在印度宗教經典《摩奴法典》與《梨俱吠陀》中，「娑提」非一般的自殺行為，而是宗教意義上出於自願高貴的自我犧牲。Spivak 論文的重點，不在於「娑提」的詮釋與執行過程中女性是否真的具有自主性與能動性，而是在於「娑提」的爭議中，作為參與「娑提」的女性並未有任何表達自我意願的空間。

「女性身體」作為「工具」被置於文化與政治論證的場域，不論傳統信仰者、印度民族主義者或是西方殖民者的論述最終成為主流，在地的、參與或被迫參與「娑提」的女性於爭議中並沒有話語權，她們是無代表性的／不能呈現的

12／Lasse Thomassen, "The Inclusion of the Other? Habermas and the Paradox of Tolerance", in Political Theory (London: Sage Publications, Inc., 2006), 34.4: 439-462.

（unrepresentable）受壓迫主體，因為她們並沒有被納入「公共領域」之中。[13]

哈伯瑪斯想像中的「公民社會」的關鍵在於陌生人在公共場域中互相交流資訊，他描繪公民就公共生活的秩序，以資訊交換活動為政治參與（engagement）的方式，並凝聚出公民得以在當中生活並持份的「群體」。哪「群體」在「公共領域」形成的過程中，未能融入主流觀點的社會成員，又何去何從呢？Thomassen認為哈伯瑪斯在討論中隱然區分了「容忍」（toleration）與「寬容」（tolerance）。「容忍」是指國家與一個或多個小眾群體之間不對等的法律關係，而「寬容」則是處於相同層級的個體或群體之間的關係。哈伯瑪斯多次重覆世俗國家（secular state）與小眾宗教之間的關係是基於更趨於平等的「寬容」而非層級分明的「容忍」，但在其論述中仍存在不平等的元素。

在哈伯瑪斯的世界，道德與政治的區分是層級性的，寬容的基礎是被「寬容」者接受「道德／政治」的層級區分。他將人類社會發展視為從前現代（宗教）社會到現代世俗社會，最終進化到「後世俗」（Postsecular）社會。在這一過程中，小眾宗教以至主流宗教被視為一種非世俗的道德世界觀，為了被世俗社會「容忍」

或「寬容」，宗教必須具有反思性（reflexive），即接受其主張必須受到世俗和科學知識的限制（筆者按：中國宗教局經常稱為「與現代社會相適應」），並且與其他多樣的宗教共享社會為他們提供的空間。

這種適應有兩種可能的表現形式：一是將其宗教主張相對化，使之成為純粹的道德倫理而非具議程（agenda）的政治主張；二是將其宗教主張翻譯成世俗政治社會的語言，將宗教主張轉化為世俗的政治主張，才能在共同的政治生活中佔有一席之地。對哈伯瑪斯來說，宗教／道德的世界觀的語言並未被排除在「公共領域」之外，但必須被翻譯成世俗社會可接受的政治語言。也就是說，道德／宗教群體需要適應其被「容忍」或「寬容」的「此世」社會，而「容忍」或「寬容」都是單向的：祇有從宗教／道德的群體屈膝於世俗／政治的「共識」，而後者鮮有需要為前者改變自我。[14]

13／Gayatri Chakravorty Spivak, “Can the Subalterns Speak?” ed. Cary Nelson and Larry Crossberg, Marxism and the Interpretation of Culture (Normal IL: Illinois State University Press, 1988), pp.189-214。

14／Lasse Thomassen, ‘The Inclusion of the Other? Habermas and the Paradox of Tolerance’, pp.450-453.

如果說建制的宗教能在接納「此世」的政治語言與程序後成為「公共領域」的其中一個參與者，與主流社會價值相距甚遠的「小眾宗教」就因為其語言與行為不能在政治的場域發揮作用而被排除在外。在大眾的討論中，「小眾宗教」的信仰者很多時候都被假定失去判斷能力與討論能力。

不少「小眾」的宗教行為都會被視為「落後」與「迷信」；在學術的層面，亦有不少學者認為「小眾宗教」的信仰者是被害「洗腦」（參第一章）、「鼓吹侵犯自由和平等的教派」（參第二章），或是錯誤地假定了民族國家與司法制度在宗教與價值判斷的中立性，未能釐清司法體系中可能因為社會輿論與個人因素而出現的偏見（bias）。（參第六、十、十一及十五章）在這樣的前題下，Lasse Thomassen 對哈伯瑪斯的批評就更為合理，「小眾宗教」信仰者沒有資格參與公共領域之中交流討論，他們的聲音被大眾無視、抹黑和抹殺，淪為無聲的「底層」。

二、小眾宗教的社會參與的與寬容的可能性

當宗教「被加入」於小眾的行列後，往往在思想層面上成為難以發聲的「底層」；但一如上文與龔惠嫻一文（第一章）所介紹，宗教是否成為小眾除了與內在的氣性相關之外，所處的社會環境亦是決定性的因素。在一般情境，小眾宗教即使具有獨特於社會大眾的世界觀，祇要與政治的「公共領域」保持足夠距離，亦可能會被視為私人的興趣，而不為社會批判。然而，當宗教人士嘗試參與社會事務時，往往就會將上文的「底層」特性顯露無遺。

舉例說，在近年的東亞，當具鮮明宗教性格的政治參與者就不同議題發表政見時，往往會招來論敵指控違反「政教分離」的原則。早於二〇〇六年，香港的法律學者戴耀廷（一九六四—？）與梁美芬（一九六〇—？）就天主教會樞機主教陳日君（一九三二—？）積極參與本地政治活動而於《信報》多次來回討論。

然而，兩位法律學者都未考慮到身處於「此世」的宗教信仰者，根本不可能完全與人類社會的秩序建立與維繫（政治）無涉。15

同樣地，在臺灣同性關係平權的案例中，中國國民黨立法委員賴士葆（一九五一－？）於二〇一三年十一月攜帶宗教團體「臺灣宗教團體愛護家庭大聯盟」（又稱「護家盟」）拜會時任行政院長江宜樺（一九六〇－？），表達教育部性平會應納入宗教人士意見與訴求，就為臺灣國際同志權益促進會及藝人馬友蓉（一九九一－？）所批評，其中一個顯眼的標語是「政教分離：拿開宗教的手」。類似關於「政教分離」的批評也曾被放在香港的明光社、基督教路小教會、臺灣的佛光山、慈濟基金會等宗教團體。這一類批評，在社會提倡開明（liberal）價值的時候，例如「多元成家」與「同性婚姻」議題，就是常見衝突的場域，宗教多被要求從整個社會對話中消失。在這類場境，即使是傳統及建制的宗教，也多在過程中隱然邁向公共領域的「底層」。

不過，傳統或小眾宗教是開放社會的敵人嗎？當宗教信仰者根據其信仰批評其他價值體系的時候，往往會被視為排斥現代價值體系「不寬容」的表現。

但是，首先提出這問題的卡爾‧波普（Sir Karl Raimund Popper，一九〇二—一九九四），卻指寬容的「敵人」是不容異見的獨裁專制和以暴力為手段的烏托邦理想。批判的行為本身，無論合理與否，其實並不一定與多樣性社會所必要的「政治寬容」相違。[16] Marie A. Eisenstein 在二〇〇八年出版的《Religion and the Politics of Tolerance: How Christianity Builds Democracy》就針對上述的關懷而作出詳細析論。Eisenstein 以量化分析及焦點團體訪談（focus group interview）等政治科學的方式指出宗教信仰的虔誠度與政治寬容（political tolerance）的程度並不是反比的關係。抱持具強烈批判性的信念與教條，不等於否定了以自由民主（liberal democracy）的制度解決意見差異。Eisenstein 的研究旨在說明宗教有助於政治寬容的建立而非危害自由民主社會，她反對宗教與政治寬容對立的刻板印

15／孔德維：〈功德生民則祀之：華人學術語境中的「政教分離」論述〉，《二十一世紀》，期183，2021年，頁122-139。

16／參 Karl Raimund Popper, The open society and its enemies (London: Routledge & Paul, 1963)。

象，更從歷史的角度指出美國的憲法與自由民主社會起源本來就具有強烈的宗教特色。湯瑪斯・傑佛遜（Thomas Jefferson，一七四三－一八二六）在《美國憲法》的起草與維護當中繼承了約翰・洛克（John Locke，一六三二－一七〇四）基於作為「傳統基督徒」（traditional Christian）[17]的世界觀而撰成的宗教寬容論述。Eisenstein 認為早期美國憲政中對宗教與政治異見的寬容，可以說是起源於基督宗教神學的宗教寬容。當中一個重要人物，就是在拒斥異己宗教與強制性道德主義橫行的維多利亞英國提倡「自由」論述的約翰・史都華・穆勒（John Stuart Mill，一八〇六－一八七三）。

Eisenstein 的討論中具有重要啟發性的是她對「政治寬容」規限了嚴格的定義，她反對將「接納」（acceptance）與「放下偏見」（a lack of prejudice）與「寬容」視為一體。「寬容」的前題就是彼此存在異見，甚至是厭惡和敵意。「政治寬容」的意義，遂不是建立和諧、互相認可與接納的社會，而是當矛盾的觀點並存時，抱持所有人類皆具缺陷（flawed）的前設下，容讓異見在宗教和政治的自由市場中各自爭取支持者，避免養成「暴政」（political tyranny）。因此，Eisenstein 認為宗教信仰者，無論其教義或對具體議題的意見在現代社會被視為可溝通或不可接受，祇要以合乎程序正義（procedural justice）的方式在輿論市場中自由競爭，或是以議會民主或代議政制改變社會秩序，抱持任何意見與立場的信仰者都仍可能與自由民主社會相適應。舉例說，原教旨或福音派的基督宗教信仰者仍可以因為視性小眾為「罪人」而成為現代社會中的「小眾宗教」，但祇要他們的批評停留在合法的範圍，則這些群體並不會對政治寬容的原則及自由民主社會構成傷害。不幸地，這種觀點顯然是建基於民主社會的處境而立論的。[18]簡單來說，不論世俗化的主流社會、較受主流社會接受的制度性宗教（institutional religion）、或是「小眾宗教」都有自己定義下的「不雅」，但對「不雅」的反應也祇限於「面斥」或以下的程度。當然，在一些認為多元（diversity）兼具「共融」（inclusive）價值的社會中，「面斥」亦被認定為「不雅」的一種。

17／但 Eisenstein 未有說明「傳統」的意義，但很可能能被理解為英國傳統的基督宗教信仰。

上述的討論置於東亞社會的場境，也許亦是充滿局限的。美國或民主社會中心論述引出的最大問題，很可能是「能容讓小眾宗教生存的政治寬容，是否必須在自由民主社會方能實踐？」。賴品超〈從基督宗教史反思宗教寬容〉中同樣地指出看似排他性甚強的基督宗教信仰衍生出現代的「宗教／政治寬容」概念。賴品超承認洛克在近現代宗教寬容的啟廸地位之餘，與讀者回顧了十五世紀至十八世紀的神聖羅馬帝國、英格蘭和法國有關宗教與政治寬容的複雜進程，說明基督宗教在（絕對）君主制度下於「宗教／政治寬容」概念成熟的貢獻。[19] 上述討論說明基督宗教在非自由民主社會亦有發展出政治寬容的可能性。當然，歐洲在世俗化的過程中，宗教失去在公共領域的影響力的同時，作為「私人領域」[20] 不當為公權力侵擾，但筆者卻認為「私人領域」論並不是唯一通往小眾宗教生存空間的道路。在十九世紀早期（與傑佛遜活躍的時期相近）的大清帝國，就有儒教的精英以人種與宗教有高低之分之觀點，要求（或解釋）政府不宜強迫低下人種接受高等宗教，而構成小眾宗教在政治領域被寬容處理的政策。當中的思考進路隱藏了儒教不是「普世」宗教的觀點、大清帝國與自由民主制度無關的事實，均明

18 Marie Ann Eisenstein, Religion and the politics of tolerance: how Christianity builds democracy (Waco, Tex.: Baylor University Press, 2008)：必須指出的是，Eisenstein 的量化研究材料全數出自美國印地安納州西北角的萊克縣（Lake County, Indiana），雖然她的論述旨於討論整個美國自由民主制度與宗教的關係，但她亦明白到由單一地區達成的結論未必能彰顯整個美國社會的特性。於憲政民主社會「小眾宗教」與主流社會的關係，亦值得參考 18 世紀初傑佛遜從洛克與穆勒的觀點。傑佛遜引伸出當以自由民主制度建立政治與宗教間的高牆，使宗教歸於「私人領域」（privacy），政治則處理公領域（public）。這成了 Eisenstein 等現代學者理解宗教與政治寬容關係的基礎。Eisenstein 以美國自由民主制度為藍本探討政教關係的其中一個特徵，乃在於以精英民主理論（elite democratic theory）與聯邦民主理論（federalist democracy theory）分類兩種政治寬容。Eisenstein 合理地指出希盼全民均採用政治寬容的思考方式並不現實，因此這種責任往往如 Joseph Schumpeter 及 Walter Lippman 所說地落於政治精英的身上。Eisenstein 引用了 Joseph Schumpeter, Capitalism, Socialism, and Democracy (New York: Harper & Row, 1950); Walter Lippman, Essays in the Public Philosophy (Boston: Little, Brown, 1995)。另一種可能性則在為詹姆士．麥迪遜（James Madison，1751-1836）在《憲法》〈第一修正案〉的觀點：以憲法與程序而非少數精英維繫的政治寬容與政教分離。反過來說，就是排除了不寬容的行為在遊戲規則之外，「玩家」祇要不違反遊戲規則，則社會的多樣性（diversity）就可以長存。以精英與聯邦分類政制的安排，反映了 Eisenstein 以美國社會為中心的論述傾向，其理論與發現於自由民主制度以外的社會之有效性，也因此需要更多的案例檢驗。

19 賴品超：〈從基督宗教史反思宗教寬容〉，載黎志添編：《宗教的和平與衝突：香港中文大學與北京大學宗教研究學術論文集》，香港：香港中華書局，2008 年，頁 3-28。

20 Roy Wallis & Steve Bruce, ‘ Secularization: The Orthodox Model,” in Religion and Modernizalion (Oxford: Clarendon, 1992), pp. 8-30 。

顯與 Eisenstein 的分析框架相異。[21] 面對「不雅」而無意「面斥」，也可能是因為作為異鄉過客的「他者」根本不可能與「我」同等，不若作「淡如水」的君子之交。無論如何，以上的案例反映的是宗教在大部分社會都會參與「此世」的政治活動，但同時卻不一定促成宗教之間或社會的衝突，更可能成為「寬容」的起點。因此，進一步的問題應該是：作為「底層」的小眾宗教，在具體的歷史時空如何為自身構築生存與發展的空間？如何與主流社會互動？如何自我定位？並在可能的情況下，如何普及至更廣闊的群體，以至成為主流宗教？

三、小眾宗教的空間

參與本書撰成的十六位作者分別以不同案例，述說著近世至現代東亞不同社會的小眾宗教如何在主流的社會當中重塑自身定位，或是嘗試衝擊既有的、建制的主流社會。既然與主流社會分庭抗禮，主流社會亦自然對小眾宗教多分猜疑與批判。龔惠嫻在本書開端介紹了眾多小眾宗教被學界、傳媒與公眾以各種不準確的標籤構築分析框架。包括「異端」（Heresy）、「邪教」（Cult）、「新興宗教」（New Religion）、「操控教派」（Manipulative Cult），或是「BITE 模型」（包括 Behaviour Control（行為操控）、Information Control（信息操控）、Thought Control（思想操控）、Emotional Control（情緒操控））等具有歐美社會與基督宗教脈絡的概念，在引入至東亞的語境後，往往會帶來無數額外的困難。在龔惠嫻處理討論小眾教時的他者化與妖魔化現象後，孔德維則從偏見的另一端著手，思考在今天著重多元（Diversity）、共融（Inclusive）的「政治正確」（Political

21／孔德維：〈沒有一神信仰的中國宗教的確更加寬容嗎？〉，《田家炳中華文化中心通訊》，第 3 期，2019，頁 37-40；亦參孔德維：《為甚麼我在包容基督徒？十九世紀中葉儒者的宗教寬容》，臺北：秀威資訊科技，2019 年。

Correctness）潮流下，「寬容」的概念如何從意圖建立共存的目標，發展至追求異質群體間的共融。然而，孔德維尤為關心的是這種「寬容」的追求，隱含了對宗教改造的議程，亦忽略了在締結「共融」的過程中，對傳統意義下的「寬容」帶來挑戰。龔惠嫻與孔德維的討論意圖為本書的讀者劃下思考「小眾宗教」在東亞活動的有限空間：一方面，主流的價值觀促使社會對陌生的「小眾宗教」多所批判；另一方面，關心多元議題的知識人又多致力於建立「共融」的「烏托邦」，推動著改造「不寬容宗教」的議程。於是，被主流社會排擠的「小眾宗教」即使在思考宗教寬容的討論當中，也會面臨另一方面的挑戰。

「小眾宗教」受到社會接納，往往需要以自我改造的方式重新定位。毛帝勝以十七世紀以來在理教（或稱理教或被外教定位為白蓮教）從不被大清國政權接納的反抗群體，發展為成為服膺於政權並為主政者平反的經典案例，介紹「小眾宗教」如何藉著重寫自身歷史與重構主神「聖宗古佛」的身分，以「匡正」自身與大清國的關係。同樣關心普及中國宗教（popular Chinese religion）的李新元則針對富基督宗教背景的童軍運動與作為「小眾宗教」天德聖教如何在一九二〇年代以迎合三民主義意識形態，在中華民國政府及中國國民黨的壓力下發展出以「本土化」的童軍運動裝載天德聖教教旨的特殊模式。童軍運動的壓力，藉由去／減基督教化及向黨國靠攏而減省，同樣作為基督宗教的兗州天主堂，則以向下發展的形式，以當時「一般人」的語言表述外來的信仰。張穎比對了兗州天主堂土山灣印書館在山東與上海出版的鼓詞、梆子、聖經劇，發現了兗州天主堂在同樣的出版活動中，為鄉鎮與城市居民有著完全不同的策略，動態地為自身的宣傳策略定位，以期成為大眾「日常」生活的環節。以上三篇作品分別介紹了作為外來或小眾的信仰，在主流社會尋找生存與擴展空間時所應用的不同路徑，不論是改造自身信仰，或是盡力向「上」或「下」融合為一，都呈現了它們意圖成為主流的努力。

然而，小眾宗教所遭受挑戰不一定來自其與主流社會的距離：挑戰可能出現在教內的神學與神職人員的個人際遇。如蔡至哲以基督教福音宣教會的案例，介紹了當教會主事人的教義、預言與現實狀況過於偏離時，宗教團體存續出現的重大困難；而基督教福音宣教會在公眾、媒體與多國政權的複合批判之下，仍然沒有出現分崩離析的現象，亦原於基神本身重視信仰者對失敗的接受與適應。另一重挑戰則可能出現在宗教所處的社會本身出現了多族群間的競爭，令信仰者的某一套信仰或儀式成為了建構或維繫自身「小眾」身分的憑藉。羅樂然為讀者介紹了作為華南社會小眾的高流灣漁民，在二十世紀的香港一方面像李新元等介紹的案例一樣，期望歸入身邊的「主流」。但他們又同時要與其他「小眾」劃清界線，於是乃利用與仿傚區域內另一「小眾」群體客家人的儀式標準，再重新模鑄出自身的社區話語與自我認同。羅樂然的高流灣漁民案例與蔡至哲的基督教福音宣教會案例值得對讀的是，二者從神學與儀式的建構入手，為信仰者的「小眾」狀態尋覓更可持續的身分認同與發展模式。

除了教團內部與信仰者所處社會的挑戰外，最常令「小眾宗教」陷入困境，或宗教成為「小眾」的可能性，就在於世態的發展。李威瀚討論的千依百順妻子俱樂部，一貫認為其性、性別與婚姻的想像「本來」就是伊斯蘭教社會的常態。千依百順妻子俱樂部之所以在馬來西亞社會為人側目，甚至在一九七〇年代被政府禁制，在其與事者而言反而是馬來西亞政府盲目地採納西方發展價值觀，而令他們由「主流」變為「小眾」。另一個倫理與知識更易而使「小眾宗教」愈益邊緣的案例，可參考黃天琦關於美國傳教士亮樂月（Laura M. White，一八六七—一九三七）「解放」中國女性的事功。雖然亮樂月自視為較中國「主流」社會女性更為進步的代表，但其與維多利亞女性觀結合的基督宗教信仰，卻與當時二十世紀初期反抗父權的歐美性別觀念多有矛盾。當亮樂月在中國作為「進步的小眾」時，她在西方卻很可能已是「陳腐的小眾」。兩位作者的討論，呈現了世態發展往往超越了宗教精英或團體可控的範疇，但卻隨時會使宗教陷入「小眾」的困局。

當然，所謂「小眾」的困局也是各有各的不幸。基督教福音宣教會因 Netflix 的紀錄片而陷入困難或是亮樂月為更「進步」的女權運動者批評而失去定位，可以說是一種宗教市場（Religious Market）的競爭問題，但更多築成「小眾宗教」的艱難，卻是被假定為客觀的公權力。曾建元為我們介紹的太極門案例，可以看到中華民國政府與太極門之間十一年訴訟，均圍繞著學員是否真的相信太極門功法，而捐獻、購買課程與產品，並論證當中金錢交易是否出於詐騙或詐欺。曾建元讓讀者看到政府與「小眾宗教」間的互動很多情況下都充滿懷疑，即使「小眾宗教」在漫長的訴訟程序後得直，教團的發展也已遭受了很多難以彌補的損失。詹佳宜關心的法輪功則仍處於政權的排擠之下，她的論文介紹了法輪功對非暴力抗爭的堅持，並向讀者說明了信仰者「明知不可為而為之」的行為背後，其實是以超越的（transcendental）追求支撐。法輪功的另一個可比案例則為盧惠娟所探討的藏傳佛教。與「留守」中國的法輪功不同，藏傳佛教的不少宗派都將教團的中心置於敵視其存在的政權所管轄的範圍之外。盧惠娟的論文，正正旨在探討身處達蘭薩拉（Dharmsāla）的藏傳佛教流亡法脈在臺灣的發展。盧惠娟為讀者梳理了與法輪功一樣受到此世政權挑戰的藏傳佛教在離開原鄉後在臺灣的流傳與發展。其中最重要的，可說是格魯、寧瑪、噶舉、薩迦等不同教派在各種資源不足的情況下需要在域外整合為一。這大抵亦是不少脫離原鄉的「小眾宗教」所需要面對的困局。

在戰後香港，不屬於歐洲或華人傳統的「小眾宗教」亦同樣因為進入了歐洲人統治的華人社會而需要大幅更易自身信仰的表述形式。林皓賢關於香港南亞族裔十九世紀末期以來建立的印度遊樂會的研究，正好反映了遊樂會宗教性的靈活程度。蓋印度遊樂會原稱伊斯蘭遊樂會，自創會以來就包含了多個宗教族群，包括伊斯蘭教、印度教與拜火教徒的參與，後來華人會員更日益增多。林皓賢的討論介紹了在戰後南亞印度教與伊斯蘭教對立嚴重的時代下，香港的南亞群體如何在「日常」生活的層面和諧地應用「伊斯蘭」、「印度」等敏感的宗教、政治詞彙，雖然伊斯蘭教、印度教與拜火教對他們的信仰者來說，仍有維繫身分認同、凝聚同伴，和建立社交網絡的用途，但他們卻在體育活動中可以整合不同宗教背景的族群在俱樂部中達致社會共融。這對於在原鄉涉足於宗教衝突的穆斯林或印度教徒來說，卻未必是一種值得推崇的美事。

同樣研究香港「小眾宗教」的霍揚揚，則留心介乎主流華人社會與非華人穆斯林之間的華人穆斯林在香港作為辦學團體的經驗。霍揚揚的討論對象主要為一九二九年落成的「中華回教博愛社」（下稱「博愛社」）。博愛社在香港辦有中小學，主要旨在服務香港華人穆斯林的伊斯蘭基礎教育。然而，作為香港的「小眾」信仰，華人穆斯林的數目並不足以支撐幾間學校。因此，早在一九五七年時，博愛社小學校的「中國籍的回民子弟」學生人數就祇佔全體學生的一半，到一九七八年時更祇佔百分之七。在二十世紀末期，博愛社的學校愈益熱衷於接收非華人穆斯林及非穆斯林學生入讀。作為辦學團體的博愛社較於林皓賢討論的印度遊樂會具有更強烈的宗教性格，但卻同樣因為處於「小眾」的困境而需作出自我調整。

事實上，對「小眾宗教」構成挑戰的，亦不一定是社會倫理與族群組成使然，更不一定出於對宗教或某一宗教具偏見或敵意的政權之手。關煜星從香港在二十一世紀初屢見的「性交轉運」案件及相關法庭程序，觀察到向來對宗教事務無特別偏差的香港司法系統在處理「性交轉運」的法律問題時，法官及檢控方在執行過程卻充滿隱然的偏見。在關煜星的討論中，我們看到法院高度依賴制度化的宗教機構關於「神聖」的意見，而假定了個人信仰者或宗教精英的觀點不足為信。這類型的偏見，呈現的是社會對「小眾宗教」制度化排擠。

我們的討論是否單純地認為「小眾宗教」的命途祇能為主流所壓抑，而陷於被孤立排擠的局面？在本書的最後部分，莫家浩關於介乎華人移民宗教與馬來人在地宗教之間的拿督公信仰的深入考察與研究，為關心「小眾宗教」的讀者提供了「小眾」的信仰也可以在族群多樣化的社會中，以創新的信仰或神明整合在地的社會，靈活地疏導族群與信仰之間局限的可能性。莫家浩為我們引介的拿督公案例，闡述了一些近世東亞社會對「小眾」所抱有的高度包容性，足以讓「主流」為「小眾」的信仰提供足夠空間生存與發展，以類神話及相應的儀式，重述或重現歷史與現實中存在的族群文化與政治融合兼對立，並在上述過程中逐漸形成某種始終依附於多元之中的主體性。

當然，亦正如其他「底層」研究者對我們的提醒，即使本書的作者群充滿著善意地聲稱要為「底層」發出聲音，甚至我們特別邀請了曾以「與事者」（insider）身分的學人參與本書的撰作，但一旦作者以「局外人」（outsider）的「學者」身分書寫「小眾宗教」的經驗，作者群在邏輯上也無法完整地擺脫我們關於「小眾宗教」的觀點也不過是對其思想的「翻譯」。「小眾宗教」的困境在於他們很多的論述都建基於他們內部的知識與語言，而宗教的語言又往往複雜而跳脫。外人對宗教語言的解讀很難與宗教經驗分離，一但外人不認可信仰者的宗教經驗（或起碼作同情地理解），他們的一切論述便變得虛妄與怪誕。「當信仰者的語言聽起來不是虛妄與怪誕的，哪對聽眾來說，這還是『小眾宗教』嗎？」於是，我們又回到Spivak的兩難：如果有人擺脫了底層身分的失語，他就不再是底層了。[22]

從本書的案例可以看到的是，小眾宗教在不同的社會當中應用了大量策略以維持生存空間，從行為規範、儀式、神聖空間佈置、祭祀對像表述形式、歷史敘事方式、倫理論述、法人／法律定位以至最基礎的神學發展，都可以是修正的對像。這些都是小眾宗教在不同程度的「面斥不雅」下所作出的決擇。既然「不雅」是流動，小眾宗教的信仰者亦可以在物理空間或意識形態／社會倫理層面「遷移」至不再是「不雅」的空間；它們也可以直接與社會的「面斥」者對決，與主流價值觀競爭。

然而，我們的思考也不應該單單停留在「小眾宗教」的一端。雖然這次會議與本書都未能從「主流」社會的角度探討不同經濟模式、政治秩序或文化場境對「小眾宗教」的運作有何具體影響。在群體生活與認同頗為重要的東亞，我們的社會是不是真的對「小眾宗教」來說更具挑戰，或是我們正在令很多的宗教成為公共生活中的「小眾」呢？這是另一系列需要更多實證個案研究的複雜問題。黃子華二〇一八年「面斥不雅」的笑話其實在二〇〇三年有另一種演繹方式。他提及二十一世紀初的香港媒體每天尋覓世界上不同的「仆街」[23]，故不異於令市民每天在讀「尋找仆街的故事」。然則，誰是「仆街」呢？

「如果你每日一瞓醒，你就係要尋找一個仆街，我話畀你聽，呢個社會，冇人唔係仆街，你只可以係未仆街。但係你一定仆畀我睇。點樣可以令得到全個社會都變成仆街？——我哋點樣可以令到全個社會，人人都變成垃圾蟲？你將清潔嘅標準定到好高。咩唔算呀，頭皮？六百！咩手皮腳皮，咩天氣乾燥呀，六百！嘩…嘩你隻眼做乜嘢…嘩你當街剎眼屎你!?刑事！各位，你點樣可以令到呢個社會，每一個人成為仆街？我哋將呢個社會嘅道德放到好高。」[24]

22／Rosalind C. Morris, 'Introduction', Rosalind C. Morris ed., Can the Subaltern Speak? Reflections on the History of an Idea (New York: Columbia University Press, 2010), p.8.

23／據 Adrian Tien 等學者考證各地粵語應用方式，「仆街」多指「因對方作壞事而咒其橫死」，又多與死於異鄉無以歸葬相關。惟「仆街」在這裏主要用作稱呼「作壞事的人」，而無咀咒的含意。參 Adrian Tien, Lorna Carson, Ning Jiang, An Anatomy of Chinese Offensive Words: A Lexical and Semantic Analysis (Cham, Switzerland: Palgrave Macmillan, 2021), pp.115-122.

本書的討論，並不是以規範性（normative research）的角度否定或推廣社會各種關於倫理道德的討論，而是從實證性研究（positive research）的立場闡述各種出現在東亞的宗教成為「小眾」的處境與回應，並進而反思知識人在思考與論述不同宗教的過程中，有沒有以被個人或社會視為「主流」的倫理與世界觀在描宗過程中不當地滲入批判。對一般讀者來說，何人「不雅」、何人「仆街」，或是哪些群體需要被「取消」，自然不是歷史研究者應該越俎代庖的問題。如果我們的討論能擴充讀者的心量，在日常判斷自由、秩序、常識、尊重的時候，憶及不同歷史場境中前人的努力與嘗試，則本書作者的工作，已算是超額完成了。[25]

24／黃子華，《黃子華棟篤笑系列的第 8 輯：冇炭用》，2003 年 3 月 20 日 -4 月 6 日。

25／王汎森：《歷史是一種擴充心量之學》，北京：生活．讀書．新知三聯書店，2024 年，頁 143-164。

「這邊」與「那邊」：異端、邪教、新興宗教與操控教派的思考

——龔惠嫻・香港中文大學宗教研究博士

一、前言：小眾宗教與宗教多元的界限

綜觀當代全球化（Globalisation）的文化脈絡中，宗教多元／多樣（Religious Diversity）是一種社會文化現象，同時是備受推崇的全球倫理和普世價值。以「求同存異」、「和而不同」作為口號，希望不同宗教信仰的人士及組織可以和諧並存，亦獲得同樣的尊重和機會。不過是否所有宗教及其信仰模式都包括在內？被大眾媒體指稱為「異端」（Heresy）、「邪教」（Cult）、「新興宗教」（New Religion）與「操控教派」（Controlling group）的小眾宗教是否被排除在外呢？根據二〇一四年 Pew Research Center 的研究，世界前十二個宗教最多元化的地區中，有六個位於亞太地區（新加坡、臺灣、越南、韓國、中國和香港）。[26]東亞地區擁有多

26／ Global Religious Diversity, accessed 20 March 2040, <https://www.pewresearch.org/religion/2014/04/04/global-religious-diversity/>.

種宗教傳統、文化和語言，包括印度教、佛教、伊斯蘭教、基督教、錫克教、耆那教、道教、神道教等；同時也是許多新興宗教運動興起和發展的地區，如真佛宗、法輪功、創價學會、統一教會、東方閃電等。當中一些新興宗教運動受政府歡迎並慢慢融入主流之中，而另一些則面臨國家政府以及民間的抵制和敵視。因此宗教多元和新宗教運動是東亞地區重要且相關的議題。

「異端」、「邪教」、「新興宗教」與「操控教派」等在東亞場景討論小眾宗教的詞彙，有極強的「西方」文化背景。一方面，我們亦不宜視歐美的社會規範為世界的中心，強行將「西方」的案例套用於東亞。另一方面，不代表我們在探討東亞小眾宗教時無須理會歐美的宗教文化與知識。特別是這些詞彙的來源以及背後的意識形態，影響了東亞社會對小眾宗教的印象和理解。本文會探討在當代歐美（尤其基督宗教文化）語境下的「異端」、「邪教」的迷思，並以「靈性市場」的理論分析當代「新興宗教」的現象，再回應有關「操控教派」和「洗腦」的理論。最後引申出「異端」、「邪教」、「操控教派」這些詞彙如何建構一套「這邊」與「那邊」的思考模式，而「新興宗教」與「靈性市場」的理論如何在東亞的處境下建構宗教多元的想像。

二、西方語境下「異端」與「邪教」的迷思

媒體提及小眾宗教的時候經常用到「異端」一詞，但卻忽視其背後的西方基督宗教歷史背景。特別是處理非基督宗教的時侯，「異端」一詞衍生出不同的問題。「異端」（Heresy）一詞可追溯到公元二至三世紀初期基督教（Early Christianity）時期，是與「正統」（Orthodoxy）相對的概念。當時不同的基督教教派運動對於如何理解耶穌的福音與教訓，存在極大差異。早期基督教教父，例如特土良 Tertullian（一五〇—二三〇）及愛任紐 Irenaeus（一三〇—二〇二）等人屬於「原型正統基督教」（Proto-orthodox Christianity），他們認為基督徒應該要有一致的信仰

及儀式，所以積極提倡打擊「異端」的運動，例如反對「三位一體」的亞流主義（Arianism）以及提出「幻影說」否定耶穌「神人二性」的諾斯底派（Gnosticism）被定為異端。Walter Bauer 在《早期基督教中的正統和異端》（Orthodoxy and Heresy in Earliest Christianity）一書中提出，基督宗教的「正統」是被社會、政治和經濟環境所建構。並將正統派與異端派之間的鬥爭解釋為「主流」教會為獲得統治地位而排除異己。[27] 本文暫不討論 Bauer 的理論是否正確，但早期基督教的多樣性遠超當代大眾的想像，可惜這種多樣性在打擊「異端」的運動中消失。

中國佛教亦有類似「異端」的概念，稱為「附佛外道」。公元六世紀，中國的天台大師智顗於《摩訶止觀》中說明種兩種外道：「佛法外道」以及「附佛外道」。「佛法外道」指佛教以外的一切宗教、學派，並無貶抑之意。不過「附佛外道」指對外宣揚自己屬於佛教的教派團體，但被主流教派認為附會佛教、歪曲與篡改佛教教義，誤導眾生產生邪知邪見的邪說。

西方社會一般會用 Cult ／ Evil Cult 來指稱「邪教」，即偏差、危險、「假」的宗教團體。而「邪教」一詞於大眾媒體上出現可追溯到一九六〇年代，二次大戰後全球出現宗教復興現象，世界各地不同形式的信仰及組織紛紛冒起，其中許多的教義、組織和實踐都頗具爭議，甚至還發生了一些令人震驚的事件，引起公眾的恐慌。一個團體一旦被貼上邪教標籤，就會被視為社會公敵。當社會大眾以自身的世界觀與價值觀為宗教的「正邪」訂下標準，並以公權力介入時，很多被社會視為「邪教」的群體就會在萬眾歡呼下被清剿。因此社會學家普遍認為，「邪教」一詞蘊含著非常強烈的主觀價值判斷，隨意將某些宗教團體稱為邪教，是對信仰自由的嚴重損害。

「異端」與「邪教」的指控是處境化的產物，牽涉到使用者個人的價值體系（Value system）以及世界觀（Worldview），如果沒有「正當」的概念，「邪」和「異」就不能衍生。宗教社會學者 James Beckford 認為不同宗教以及同一宗教內不同教派之於世界觀、倫理的想像都有所不同，所以我們應維持價值中立，將對不同

27／ Walter Bauer, Orthodoxy and Heresy in Earliest Christianity (Philadelphia: Fortress Press, 1971).

宗教的委身（Commitments）視為個人偏好或品味，應平等地對待所有宗教形式（all expressions of religion），認為它們是同等地「真實」（Valid）。[28]因差異而指控他者為「邪教」和「異端」是採用了某一價值體系（如某一宗教或現代的價值觀）作為本位思考而排斥其他價值，並有可能成為宗教鬥爭與宗教迫害的工具和手段。

三、「靈性市場」與「新興宗教」

為了避免落入正統／異端以及真／偽的論爭，社會學家建議以「新興宗教」一詞來指涉於近代出現的小眾宗教，並與當時的「主流宗教」（Mainstream religions）／「既有宗教」（Established religions）有明顯差異的宗教組織。「新興宗教」容易令人誤解為與「傳統宗教」對立的宗教信仰。然而廣義上，任何宗教都曾是「新興」，但幾乎沒有一個宗教是全新的；雖然名稱不一樣，但其教理教義或相關宗教元素卻是從更早期的宗教所衍生而來，或是對教義的重新解釋。如公元前六世紀的印度佛教衍生自印度婆羅門傳統、公元二世紀的天師道繼承黃老思想和神仙方術、公元一世紀的基督教衍生自猶太教，這些宗教對當時社會來說都是「新興宗教」。所以「新興宗教」並非指向一些本質上不變的特質。宗教從來不是靜止的狀態，而是無止境的誕生、改變、分裂、再生的運動。[29]

在西方脈絡中，世俗化（Secularization）是七〇年代分析現代化（Modernization）的主導論點，認為宗教於現代社會被邊緣化並且變得越來越微不足道。社會學家對於世俗化理論與新興宗教現象之間的關係則有不同的解讀。Bryan Turner 與 Bryan Wilson 認為新興宗教現象正是支持世俗化理論的證據，甚至是世俗化促成了新興宗教的興起。因為宗教不再是對真理的信仰和宣稱，而是在宗教

28／James Beckford, Cult Controversies: The Societal Response to New Religious Movements (London: Tavistock, 1985), pp. 15-16

29／John A. Saliba, Understanding New Religious Movements (Grand Rapids MI: Wm B. Eerdmans Publishing, 1996).

市場內各取所需。世俗化令人的靈性需求變成了其中一種被消費的商品。[30] 另一方面，Rodney Stark 與 William Sims Bainbridge 提出二次大戰後的社會變動為傳統宗教帶來挑戰，同時為新興宗教帶來了生存發展的空間與機會，展現了宗教的創新（Religious innovation）。Stark 與 Bainbridge 以「理性選擇理論」（Rational Choice Theory）及「靈性市場」（Spiritual Marketplace）的框架分析新興宗教現象。與其他商品和服務一樣，在一個多元化和及消費者導向的社會中，人可以自由地從不同宗教信仰和組織中選擇。宗教組織作為社會企業，其主要目的是在公共的場域創造、維持及交換靈性資本（Spiritual capital）。在宗教信仰的市場競爭中，對於信眾或追隨者的爭奪，新興宗教必然對既有宗教造成挑戰。[31]

Stark 與 Bainbridge 在「靈性市場」的框架上以企業模式（Entrepreneur model）分析「新興宗教」作為企業。與一般商業組織一樣，不同宗教組織有其獨特的營運模式，大致可分為三種：觀眾式（Audience）、顧客式（Client）、膜拜運動（Cult movement）。[32]

- 觀眾式（Audience）：為觀眾提供「神話故事」（Mythology）。組織以演講會、電視節目、電台節目形式聚集對某主題有興趣的觀眾，例如是神秘學、UFO、陰謀論等。觀眾有類似的興趣和信念，但沒有進行特定的儀式。觀眾選擇性收聽或收看相關內容，組織沒有明顯的會員制，比較鬆散亦缺乏長期顧客。[33]當代的網上平台例如 YouTube 頻道則是用類似的方法經營。頻道主（Youtuber）發放影片，觀眾可以自由地收看、點讚、訂閱頻道、付費加入會員等。

- 顧客式（Client）：為顧客提供「魔法、法術」（Magic）。組織與參與者之間的關係就好像「治療師－患者」、「顧問－客戶」的互動。組織會按參與者的需要提供針對性的產品／服務／治療，例如醫療、算命、占卜、潛能開發和通靈等。

30／詳參 Bryan Turner, Religion and Social Theory: A Materialist Perspective (London: Heinemann, 1983); Bryan Wilson, Contemporary Transformation of Religion (London: Oxford. 1976).

31／Rodney Stark and William Sims Bainbridge, "Cult Formation: Three Compatible Models," Sociological Analysis, Vol. 40, No. 4, 1979, pp. 283-295

32／Rodney Stark and William Sims Bainbridge, "Cult Formation: Three Compatible Models," Sociological Analysis, Vol. 40, No. 4, 1979, pp. 283-295

33／Rodney Stark and William Sims Bainbridge, "Cult Formation: Three Compatible Models," Sociological Analysis, Vol. 40, No. 4, 1979, pp. 288-289

參與者因應自己不同的需要有機會同時參加好幾個這類的宗教團體。有的有收費，有的沒有收費，有的宗教性質比較強，有的宗教性質比較弱，甚至完全沒有宗教性質。例如 Instagram 中專門做塔羅占卜、「阿卡西紀錄」、氣功、瑜伽照這個分類都可以歸類為「顧客式」的「新興宗教」。

●膜拜運動（Cult movement）：為顧客提供「宗教」。組織為會員提供整全的宗教功能以滿足所有靈性需求，例如給予有系統的世界觀、倫理價值以及生活方式。有別於前兩種較為鬆散的模式，膜拜運動高度組織化制度化，會透過入教儀式建立會員制度，並要求成員高度參與，並且切斷會員和其他宗教團體的聯繫，同時全面地滿足其參與者的需求。山達基教或「科學教」（Scientology）就是一個由「觀眾式」演化成「顧客式」，後來發展成為「膜拜運動」的例子。山達基教被稱為全球發展最快的宗教，於一九六〇年代一開始只是在街上分發傳單，邀請途人免費觀看介紹影片，之後開始推銷各種諮詢會及課程教授釋放壓力的方法，至今成為在全球擁有八千五百座教會、佈道所和傳教團的組織。

Stark 與 Bainbridge 提出一點非常值得注意，一方面我們可以用觀眾式

（Audience）、顧客式（Client）、膜拜運動（Cult movement）的框架來分析新興宗教團體，但這套分類並非固定的，從山達基教的例子中可見沒有一直不變的宗教團體，之所以稱為「運動」，是因為這些組織不斷在發展流變當中。此外，套分類並非只適用於宗教團體，非宗教團體也能發展成為膜拜團體。[34]

另外，在膜拜運動的個案中，由於膜拜團體一般與社會主流文化有頗大的張力（Tension），膜拜團體的成員人口增多，必然引發社會的關注，引發的關注越多，反對聲音愈大。從某種意義上來說，引發外界的反對似乎是膜拜運動必經的階段。膜拜運動必須處理外界的反應以及自我調適，並逐步降低與社會的張力，以確保可以繼續有新的成員加入。不過有些選擇保持小群體規模的膜拜團體，則主動放棄或逃避與社會互動，以維持其團體和教義的相對穩定性。[35]從靈性市場的角度來看，

34／ Rodney Stark and William Sims Bainbridge, The Future of Religion: Secularization, Revival, and Cult Formation (Berkeley: University of California Press, 1981), p. 129

35／ Rodney Stark and William Sims Bainbridge, The Future of Religion: Secularization, Revival, and Cult Formation (Berkeley: University of California Press, 1981), p. 207

沒有單一的宗教團體能夠壟斷整個市場經濟，因為沒有一個宗教組織能夠同時服務整個靈性市場的需要，宗教組織必須在靈性市場中選擇和自我定位。

靈性市場的理論打破西方以基督宗教（有組織、教條、儀式）為主流的模式來了解宗教現象，亦沒有將西方制度性宗教（Institutional religion）中「教會—教派—膜拜團體」Church—Sect—Cult 的類型學來分析新興宗教組織。[36] 如楊慶堃所言東亞宗教是「分散性宗教」（Diffused religion），其實踐形態是分散性、地方性、無固定教義的信仰活動。[37] 以靈性市場的角度詮釋當代的新興宗教現象，更能表達小眾宗教與社會的關係以及其流動性，同時亦較為切合東亞的宗教語境。

四、「操控教派」和「洗腦」的指控

在高度競爭的靈性市場中，宗教組織為了爭取「會員」的忠誠度，發展出不同的技巧來留住會員。當中最極具爭議的技巧被稱為「洗腦」（Brainwashing）或「思想控制」（Thought Control）。「洗腦」一詞於一九五〇年代美國開始流行，指有系統地改變思想、世界觀，以達到高度服從的效果。[38]最為大眾熟悉的是美國學者 Steven Alan Hassan 於《Combating Cult Mind Control》（1988）提出的「BITE 模型」。作為一位曾經加入統一教（被指為邪教的組織）以及一位輔導心理學家，Hassan 關注的並不是新興宗教的定義或類型，而是如何協助人免被「洗腦」。他研究不同的膜拜團體（Cult）歸納出來的「BITE 模型」：Behaviour Control（行為操控）、Information Control（信息操控）、Thought Control（思想操控）、

36／Rodney Stark and William Sims Bainbridge, "Of Churches, Sects, and Cults: Preliminary Concepts for a Theory of Religious Movements," Journal for the Scientific Study of Religion, Vol. 18, No. 2 (1979), pp. 117-131

37／C.K. Yang, Religion in Chinese Society A Study of Contemporary Social Functions of Religion and Some of Their Historical Factors (Berkeley: University of California Press, 1970).

38／Benjamin Zablocki, Misunderstanding Cults: Searching for Objectivity in a Controversial Field (University of Toronto Press, 2001), pp. 159-162

Emotional Control（情緒操控）。

●Behaviour Control（行為操控）：施加嚴格的規條來控制成員的行為，如衣著、打扮、飲食；經常要報告、請求批准才可以行動。

●Information Control（信息操控）：限制外界資訊、隱瞞及扭曲外來訊息；要求成員切斷與外界的聯繫；要求成員大量閱讀內部書籍、文章；鼓勵成員互相監視。

●Thought Control（思想操控）：灌輸二元對立的思維模式；打擊理性分析、拒絕批判性思考；要求成員將團體的教義內化為絕對真理。

●Emotional Control（情緒操控）：限制成員的情感表達；操控內疚感／罪疚感，例如要求成員儀式性地區公開懺悔「罪過」；操控成員恐懼，例如傳達「外在」世界非常危險、離開團體就會失去「救贖」、甚或威脅傷害成員和家人。

值得注意的是 Hassan 的「BITE 模型」非必然指向宗教組織，世俗的團體例如伴侶、家庭、朋友、學校、商業組織、心理治療、政治組織等都有機會出現「BITE

模型」的特質。同樣地所謂「正統」的宗教團體亦可能潛在「BITE 模型」的特質。所以「BITE 模型」並非用來判斷何謂邪教的工具，而是針對洗腦的手段。

當代有關洗腦的說法仍需要科學調查，但大眾媒體已藉此大造文章。新興宗教學者如 Lorne L. Dawson[39]、James Richardson[40]、Thomas Robbins[41] 等皆主張在新興宗教的議題上，應當避免用洗腦的模型來解釋。一方面洗腦的說法眾說紛紜，目前學界不足以下定論；另一方面，亦有不少個案是不存在任何洗腦的方式，人仍願意加入並留在具爭議性的新興宗教當中。Benjamin Zablocki 提出有兩批學者對於成員是否被「洗腦」而加入宗教團體持相反意見。一派學者站於確保宗教自由，捍衛小眾宗教的角度出發，認為「洗腦」根本不存在，人是有可能自主地選

39／Lorne L. Dawson, "Accounting for Accounts: How Should Sociologists Treat Conversion Stories?" International Journal of Comparative Religion and Philosophy 1(1 & 2) 1994: pp. 46-66.

40／James Richardson, "Cult / Brainwashing Cases and Freedom of Religion," Journal of Church and State 33 (1991): pp. 55-74.

41／Thomas Robbins, "Constructing Cultist 'Mind Control'," Sociological Analysis 43(3) 1984: 241-56.

擇走上激進的精神道路。另一派學者則認為「洗腦」存在，加入組織的都是受害者，因為這樣可以更有效地打擊危險的團體。[42] Zablocki 更大膽地提出民間的反邪教運動（Anti-cult movements）預設加入新興宗教的人是有心理創傷的「病人」，所以容易被宗教團體洗腦，因此需要用盡方法使「病人」離開其宗教團體，並強迫他們參加「反編程」（Deprogramming）的心理治療。這種「反洗腦」的操作本身亦可被歸類為「洗腦」。所以對某宗教判斷不應片面採用所謂「受害者」的觀點，而應該兼顧受害者、支持者以及第三方的觀點。[43]

五、結語：「這邊」和「那邊」的思維

村上春樹在《地下鐵事件》中以報導文學方式訪問六十多位奧姆真理教東京地鐵沙林毒氣恐怖襲擊的受害者。最後一篇〈「沒有指標的惡夢」——我們正在

往甚麼方向前進呢？〉，村上認為大眾媒體對沙林毒氣事件的報導基本是採取「被害者／無辜者／正義」放於「這邊」，「加害者／污染者／邪惡」放於「那邊」的對立面為前提，去分析「那邊」的行為和倫理偏差。最後村上問向讀者提問「你有沒有對誰（或甚麼）交出自我的一部分，而接受最為『代價』的故事呢？我們是否對某種制度或體系，交出人格的一部分讓人代管呢？如果是的話，那制度是否有一天會向你要求某種『瘋狂』呢？」[44] 村上直接挑戰「這邊」和「那邊」的思維模式，並指出這種思維模式潛在的危險。

小眾宗教於公共的場域中經常被他者化、妖魔化，大眾媒體將新興宗教報導成騙局，新興宗教的創辦人是「呃神騙鬼」，而皈依的成員就是心靈脆弱、不理性、

42／Benjamin Zablocki, Misunderstanding Cults: Searching for Objectivity in a Controversial Field (Toronto: University of Toronto Press, 2001).

43／Benjamin Zablocki, Misunderstanding Cults: Searching for Objectivity in a Controversial Field (Toronto: University of Toronto Press, 2001).

44／村上春樹，〈沒有指標的惡夢〉，《地下鐵事件》，臺北：時報出版，1998年。

迷信、被洗腦的受害者。因為似乎這一套說詞才可以合理地解釋為甚麼皈依者會相信及參與一些外人難以理解和接受的行為。[45]宗教研究學者鄭志明就臺灣的新興宗教現象撰文，他認為「人們常以迷惑的眼光來看待各種宗教現象，接受了各種似是而非的宗教觀念，彼此各為其主的相互爭執，或以訛傳訛的相互誤解，爆發出頗多的爭議與衝突……新興宗教團體還是常被外人抹黑或強烈的道德指控……長期以來無法擺脫邪教的外在印象，依舊遭受到歧視與排斥。儘管這些團體的信徒愈來愈多，聲勢相當龐大，也逐漸發展出頗具規模的宗教組織，仍然常被認為是不登大雅的宗教，多少有著防範之心，害怕這些宗教危害社會秩序。」[46]鄭志明於上文點出了「新興宗教」所面對的問題，亦是加入小眾宗教的人所面對的處境。似乎一但加入了小眾宗教團體，就會被周遭的人用另一種目光對待，在家庭、朋友、社會中成為了他者、異類。

不過，站於靈性市場的角度，有誰可以客觀地判別宗教教義的真偽？還是如社會學中的「湯瑪斯定理」（Thomas's Theorem）所言：「假如你界定一個情境為真，那麼它就具有真實的效果」（If you define a situation to be true, it is true as a consequence）。這裏強調的不是客觀的真假問題，而是當人主觀地相信某事物為真，就會造成的真實的效果。回到文章開首的問題，當主流社會高舉宗教多元作為一種普世價值的時候，是否亦預設了「這邊」和「那邊」的二分？宗教多元是否有預設的應用範圍呢？如果有的話，這一條界線又是由誰去決定呢？

45／ Keith. A. Roberts and David A. Yamane, Religion in Sociological Perspective (London: Sage, 2016), p. 179.

46／ 鄭志明，〈臺灣「新興宗教」的現象商議〉，《宗教哲學季刊》第一卷第四期，1995年10月。

變化中的「寬容」定義與基礎：妥協、對話、接納和其他「小眾宗教」研究的思考

——孔德維．早稻田大學高等研究所助理教授

在過去二十年，「寬容」（Tolerance）可說是最廣受世界關注的概念。在美國總統川普即位後，種族、宗教與全球化的議題成為國際媒體每天關心的問題。總統川普引發的爭議反映了全球化與多元文化緊密接洽而衍生的眾多問題，這不單單是無視社會精英間普遍倫理的個別政治人物所衍生的矛盾，而是系統性的價值衝突。[47]自二十一世紀初，獲益於全球化精英就在公共政策討論中倡言的「政治正確」（Political Correctness），新的價值觀與各種傳統價值間不乏難以調和之處。不少傳統觀念被置於「政治正確」的放大鏡下觀察時，均會廣受批判。在這一標準下，幾乎所有的傳統宗教都可能犯了罪：《瞿曇彌經》稱女身不能成佛、《希臘文聖經》指女人在會堂談話需要包頭、《論語》並列女子同小人、《希伯來文聖經》與《古

47／Brenda Major, Alison Blodorn, Gregory Major Blascovich,"The threat of increasing diversity: Why many White Americans support Trump in the 2016 presidential election," Group Processes & Intergroup Relations, Vol.21, Issue 6, pp.931-940；孔德維：〈民粹煉獄之路是全球化離地精英鋪成的：未來十年做「左膠」還是「右膠」好?〉，《蘋果日報》，2020年9月24日，https://hk.appledaily.com/local/20200924/XHGBXP3ZN5AQVF6OGACYP2L2LQ/，瀏覽於2021年6月23日。

蘭經》都包含奴隸制度、《Bhagavad Gita》合理化戰爭。這些經典，應該被囊括在「取消文化」（Cancel Culture）對付的清單上嗎？甚麼應該被取消？甚麼應該被包容？這是連身處「政治正確」運動的參與者也難以統一意見的問題。[48]然而，這卻是思考小眾宗教、異端與邪教的基礎。

如果說封殺一切異見的「取消文化」過為誇張並祇屬於社會邊緣的網絡文化，「多元課程」（Diversity Training Programme）就肯定在過去十年流行於不同公私營機構的人事培訓課程。同樣地，作為訓練目標的「多元」也在定義上出現重大分歧。C. W. Von Bergen、Beth A. Von Bergen、Claire Stubblefield 與 Diane Bandow 合撰的論文〈Authentic Tolerance: Between Forbearance and Acceptance〉指出，二十一世紀初以來普及的「多元課程」愈益傾向於「重視、認可、肯定和擁抱差異」（value, endorse, affirm, and celebrate differences），學員不單單被要求對異見有所忍讓，更被鼓勵「欣賞、尊重和接受不同的意見、做法和生活方式」（appreciate, respect, and accept diverging opinions, practices, and ways of life）[49]異於被各位作者所稱的「古典寬容」（Classical Definition of Tolerance），支持著「多元課程」的「新古典寬容」（Neo-classical Definition of Tolerance）想像，超越了對異見被動的（passive）容忍（forbearance），而是期望創造出寬容的氣氛（climate of tolerance），支持異見者（尤其社會中的小眾）追求理想的人生。具體來說，「新古典寬容」的支持者更希望在制度與文化的層面（institutional and cultural arrangement）為小眾異見者提供更多的支持，而非簡單地採用不干預政策而相互妥協，以「雞犬之聲相聞，老死不相往來」為社會不同群體共存的最終目標。「新古典寬容」在最近二十年，也顯然在全球化的大潮下成為了一陣具強大影響力的風潮。

〈Authentic Tolerance: Between Forbearance and Acceptance〉多次引用的《Tolerance: Between Forbearance and Acceptance》一書可說是「新古典寬容」的典型論述。作者

48╲ Richard B Duque, Robert Rivera, E.J.LeBlanc, "The Active Shooter paradox: Why the rise of Cancel Culture, 'Me Too', ANTIFA and Black Lives Matter… matters," Aggression and violent behavior, 2021-09, Vol.60, p.101544; See also Lita Sorensen ed., Cancel culture (New York: Greenhaven Publishing, 2021).

49╲ C. W. Von Bergen, Beth A. Von Bergen, Claire Stubblefield, Diane Bandow, "Authentic Tolerance: Between Forbearance and Acceptance," Journal of Cultural Diversity, Winter 2012, Vol.19, No.4, pp.111-117.

Hans Oberdiek 認為「寬容」在「單純的忍讓」（mere forbearance）與「完全接納」（full acceptance）之間具有起碼四種形式：首層的「純粹容忍」（Bare toleration）指避免因不同意見而以暴力對立，但不情願的「寬容」卻漸始發展出對異見者的漠不關心（grudgingly developing indifference to the other）；第二層的「僅僅寬容」（Mere toleration）是指視自身的價值體系為完美地接受異見存在的事實（complacent indifference toward the fact that there are others with whom we disagree），故抱持這種「寬容」的人也就不會在與異見者共存（而鮮少對話）的過程中修改己身的立場；第三層的「寬容」則是「具批判性接觸的完整寬容」（Full tolerance involves critical engagement），指慣常地與異見者對話，雖然會就不同意的議題作批判性交流，但卻尊重對方的自主性（autonomy of the other）；最後一層的「完全接納」，則是「超越了寬容」（beyond tolerance）並認可（recognition）異見者的生活方式。[50] 較於被動的「古典寬容」，Oberdiek 更為推崇他所說的第三與第四層「寬容」概念。他認為「寬容」並不應該導致社會老死不相往來的權宜之計（modus vivendi），反而應該是促使群體共融的美德（virtue）。

「寬容」自身對 Oberdiek 來說就已經是值得推崇的美德，故他無法認同政治自由主義（Political Liberalism）視自主性（autonomous）為最高且具凌駕性的美德，因而容讓「寬容」出現重大缺陷：如果「寬容」被定義為對異見的接納，這就造成了政治自由主義政府雖然聲稱在價值問題保持中立（neutrality），但卻永恆地「否定」（disapprove）一些觀點的悖論。值得著意的是，Oberdiek 在這裏所介紹的「寬容悖論」（Paradox of Tolerance）與卡爾．波普（Karl Popper，1902－1994）著名的「寬容悖論」並不完全相同。卡爾．波普在《開放社會及其敵人》提出的「悖論」是引伸自柏拉圖（Plato，前四二九－前三四七）指無限度的自由使破壞自由的暴君出現而無人足以制止。同理，絕對的寬容必定導致寬容的消失，因為當開放社會連那些不包容他人的人都給予無限度寬容的話，作為價值的寬容就會與其支持者一起被摧毀。然而，Oberdiek 的「悖論」指「寬容」的前提是「否定」的存在，而當號稱價值中立的政府對某些事物有所「否定」時，其實已違背了它原來中立的聲稱。

50／Hans Oberdiek, Tolerance: Between Forbearance and Acceptance (Lanham: Rowman and Littlefield, 2001).

面對政治自由主義可能導致社會不同群體各自為政而老死不相往來的局面，Oberdiek 遂提出「實質自由主義」（Substantive Liberalism）。受 Oberdiek 的「實質自由主義」的社會成員，會較「古典寬容」者更有意參與異文化間的對話，即使對話中充滿激烈而有爭議（vigorous and contentious）的相互批判，他們卻是以理解與欣賞異見者的生活方式、信仰與態度為交流的前題。更重要的是，他們會以政府或非政府的方式（governmental and nongovernmental forms），或直接或間接地支持異見者忠實地完成一些自身無法認可的目標。[51] Oberdiek 的良善願望卻惹來不少質疑。上述的期許置於個人的修為而言，大抵不會惹來太多的批評；但如果這牽涉到公權力的參與，那就會出現各種難題。擁護「政治自由主義」的 Erin I. Kelly 就認為互相理解與對話不可能被視為社會成員的必然責任。「實質自由主義」所要求的對話，可能正正違反了一些內向或對價值與多元文化生活方式沒有興趣的群體的性格。他們不參與跨文化與宗教的對話也不構成他們對異文化的壓迫，如果單單就他們無意對話而成為不被寬容的對象，那麼「實質自由主義」所提倡的社會，也不可能是一個寬容的社會。

那麼，Oberdiek所陳述的「實質自由主義」牽涉政府強制的措施嗎？《Tolerance: Between Forbearance and Acceptance》似乎未有清楚回應，Andrew Fiala亦同意這一觀察。與Kelly一樣，Fiala認為Oberdiek的觀點似乎不可能成為政治制度。Fiala認為Oberdiek最大的限制在於未能理順其觀點與政治權力的關係，也沒有清楚說明奉行「實質自由主義」的理想國如何規限政府的權力。除了強制對話的困難外，眾多批評者更擔心當「寬容」自身被視為政治上美德時，將會易於引致政府或精英由上而下地施惠予宗教或文化小眾（patronizing the powerless），間接增強了小眾的邊緣性。考慮以上種種問題，上文引述C. W. Von Bergen等四位學者也和Kelly及Fiala一樣對他們所稱的「新古典寬容」多有批評。「新古典寬容」無疑較Oberdiek所言具有更強的「文化多元主義」（multiculturalism）傾向，他的第四層「寬容」已隱然訂下了「完全接納」的目標，這與「文化多元主義」的分野，實在需要

51／Hans Oberdiek, Tolerance: Between Forbearance and Acceptance, pp.173-174.

更多的說明。[52]

由執行層面觀察，當鼓勵個人溝通化為公權力強加的政策或顧主強制推動的「多元課程」時，個人的自主性顯然就需要為之讓步。為了建立寬容的社會而強制對話，後果不單是令社會成員無法欺壓或干預他人的生活方式與價值觀，而是同時剝奪了「不對話」與「不接納」的自由，使一些沒有興趣理會他人生活或缺少足夠知識訓練的社會成員被認定為「不寬容的人」。這與「寬容」的基礎定義相違。Oberdiek 不滿足於將「寬容」定義為互相容忍的權宜之計（modus vivendi），但作為「行為」（action）的互相容忍其實在著不同的思想基礎。它不必然出於「政治自由主義」的理論，也可能建基於其他思想傳統。

「政治自由主義」的「寬容」促成社會分崩離析確有一定的道理。以二十世紀末自由主義大師羅爾斯（一九二一—二〇〇二）為例，他提倡的宗教寬容在一定程度上建基於將宗教「私人化」的理想。這樣的想法在古典自由主義的前輩中早已有其苗芽。洛克認為因為信仰生活為天主與人之間的互動，雖然因為宗教團體的影響力而形成政治面向，但同時宗教不應受政府的規限，蓋人類於天主之前皆生而自由、平等、獨立，未得本人同意前而將之受制於人在基督宗教當中難以建立政治合化性。換句話說，由於信仰不是意志的選擇而是神明與人類良知（conscious）的互動結果，故無法由外力更易，政府的干預自然並不合理。在此，洛克將信仰與公共生活置於不同框架，開啟了自由主義將「屬世」與「屬靈」的事務分割的傳統。[53] 雖然洛克等前人具強烈的基督宗教情懷，亦無意將宗教生活與政治生活完全割裂，但近現代的自由主義者卻愈益出現這種傾向。關啟文（Kwan Kai Man）認為當代自由主義者

52／參 Karl R. Popper, The Open Society and Its Enemies (Princeton: Princeton University Press, 2013), p.117, footnote 4；Andrew Fiala, "Tolerance: Between Forbearance and Acceptance by Hans Oberdiek (Book Review)," Metaphilosophy, Vol. 34, No. 5, Special Issue: The Philosophical Legacy of Roderick M. Chisholm (October 2003), pp. 669-674；Erin I. Kelly, "Reviewed Work(s): Tolerance: Between Forbearance and Acceptance by Hans Oberdiek," The Philosophical Review, Apr., 2003, Vol. 112, No. 2 (Apr., 2003), pp.266-269.

53／洛克的政教關係論述具有不同詮釋，簡要的評述參 David C. Snyder, "John Locke and the Freedom of Belief," Journal of Church and State, Vol.30, No.2, (Spring 1988), pp. 227-243; Jeremy Waldron, "Locke: Toleration and the Rationality of Persecution,"in Susan Mendus ed., Justifying Toleration (Cambridge: Cambridge University Press, 1988), pp.61-86; Paul Bou-Habib, "Locke, Sincerity and the Rationality of Persecution," Political Studies, Vol.51, No.4, 2010, pp.611-626; Teresa M. Bejan, "Locke on Toleration, (In) Civility and the Quest for Concord," History of Political Thought, Vol.37, No. 3, 2016, pp.556-587.

近乎以本能地對宗教介入公共和政治事務懷有戒心。「不少自由主義思想家嘗試從理論角度否定或限制宗教的公共角色」、「另一些則希望用實際行動把宗教逐出公共領域」。[54]羅爾斯自然是當中重要人物。

Robert Neelly Bellah（一九二七—二〇一三）就認為羅爾斯的著作旨在回應二十世紀七十年代以後冒起的右派基督宗教，並認為他們不時違反了自由民主社會的基本寬容原則。[55]認為宗教不能由符合歸納法則的證據證立的羅爾斯，就認為若將政治討論建基於個別宗教，便會對異教的信仰者或無宗教信仰者而言違反了自由主義社會的基本正義原則，蓋社會不應將個別信仰在未經公共的理性論立前預設為更好的生活方式。羅爾斯認為「宗教」與「寬容」在歷史上往往對立。[56]關啟文進一步引用了羅爾斯的詮釋者 Richard Rorty 的解說，說明政治自由主義假定了政治與宗教信念可以分割，而民主社會的成員不需要在終極關懷（Ultimate Concern）的議題上抱有共同信念。因此宗教可以、也應該被現代社會「私人化」。Rorty 指羅爾斯希望將宗教問題限制於私人生活，政治自由主義的政府遂可以將宗教與政治討論分開，也就因此令世俗政府無需參與信仰者的私人生活。但同時，Rorty 也呼應了卡爾．波普關於「寬容悖論」的觀點，提出政治自由主義「寬容」的限制，在於當信仰者的個人良心會危害到自由民主社會時，政治自由主義就應該以武力對付其個人良心。[57]上述政治自由主義的論述不單單在北美政治學者間流傳，與關啟文一樣出身於香港的政治學者周保松（一九六九—？）就承認自由主義為了「對自由和平等的堅持」，「在相當根本的意義上轉化了宗教的內涵」，迫使「它們（宗教）必須容忍和尊重人們的宗教選擇」，這就構成了政治自由主義「寬容」的底線：「自由主義不會容忍那些鼓吹侵犯自由和平等的教派。也就是說，自由主義所說的中立

54／關啟文：〈公共空間中的宗教：自由主義對基督宗教的挑戰〉，羅秉祥（Lo Ping Cheung）、江丕盛（Kang Phee Seng）編，《基督宗教思想與 21 世紀》，北京：中國社會科學出版社，2001 年，頁 293-330。

55／Robert Neelly Bellah：〈宗教與美利堅共和國的正當性〉，《道風—漢語神學學刊》，1997 年秋，復刊號第七期，頁 9-34。

56／John Rawls, “Outline of a Decision Procedure for Ethics,” Philosophical Review, Vol. 60, No. 2 (Apr., 1951), pp. 177-197；John Rawls, A Theory of Justice (Cambridge, Mass: Harvard University Press, 1971), pp.19, 215-247.

57／Richard Rorty,“The Priorty of Democracy to Philosophy,”in Merill D.Peterson, and Robert C. Vaughan eds., The Virginia Statute for Religious Freedom: Its Evolution and Consequences in History (Cambridge, Mass: Harvard Universuty Press, 1988), pp.257-282.

對待有個前提，就是不同教派必須接受自由主義的基本原則。這些原則劃定了宗教自由的邊界。」[58]將宗教規限在「私人領域」，無疑就是 Oberdiek 認為「古典寬容」迫使諸宗教的信仰者停止對話的原因。

值得指出的是，不論是羅爾斯代表的政治自由主義與 Oberdiek 倡言的「實質自由主義」，都對社會成員的「私領域」及「自主性」頗為重視。但作為行為的「寬容」並不一定與自由主義的關懷相關。賴品超（Lai Pan Chiu）在分析諸宗教神學（Theology of Religions）與宗教哲學（Philosophy of Religion）時提醒讀者，基督宗教的信仰者思考不同諸教共存的問題或與異教者作宗教對話時，往往帶著實踐問題的關懷；他更引用了楊偉明（Amos Yong，一九六五—？）的說法，指從來沒有一種能完全與文化神學、哲學神學、歷史神學分離的純粹諸宗教神學存在，因諸宗教神學的討論先天就可能是宣教神學的一種變態。無可諱言，基督宗教的信仰者往往不會以諸宗教皆平等的態度開展宗教對話，他們更可能在對話當中完全否定對方的世界觀；但這卻不妨礙他們實踐（作為行為的）「宗教寬容」的原則。雖然洛克由基督宗教的教義發展出自由主義的「寬容」，但洛克的論述不能代表所有基督宗教信仰者的立場。早在一世紀的早期教會，基督宗教信仰者當中有了對異教採取積極正明態度的成員；十一世紀以後，更有 Pierree Abelard（一〇七九－一一四二）與 Nicholas of Cusa（一四〇一－一四六四）主張某程度上的宗教多元。這些論述與自由民主或是私人領域的討論並沒有直接的關係。[59] 在歐洲與北美以外的「寬容」論述就更是如此。

也正如 Michael Walzer 批評，羅爾斯等學者期望建立一套「程式主義」（Proceduralist form）以清晰的普遍原則確立解答「寬容悖論」的問題，但卻忽視了我們不是在建立社會的「原點」（original position）或是太空船上討論（conversation

---

58／周保松：《政治的道德：從自由主義的觀點看》，香港：香港中文大學，2015年，頁184。

59／賴品超：《宗教都是殊途同歸？宗教研究與漢語神學的視角》[Divergent Religious Paths to Convergent End? Perspectives of Religious Studies and Sino-Christian Theology]（香港：漢語基督教文化研究所 [Institue of Sino-Christian Studies]：道風書社 [Logos and Pneuma Press]，2020），頁49-71；Amos Yong, Beyond the Impasse: Toward a Pneumatological Theology of Religions (Carlisle, Cumbria, UK: Paternoster Press; Grand Rapids, Mich.: Baker Academic, 2003), pp.18-19；Jacques Dupuis, Toward a Christian theology of religious pluralism (Maryknoll, N.Y.: Orbis Books, 1997), ch.1-2.

in a spaceship）。Walzer 不滿意眾多哲學家糾纏於「為甚麼要寬容」的問題而未有對宗教與價值衝突當中的參與者作處境化的考慮。是以，他在《On Toleration》一書「對寬容和共存作出歷史的、處境化的思考……分析這些在日常生活真實地出現過的每個（寬容和共存）形式」。[60]在這樣的前題下，「寬容」自然不是（也不應該是）單一的哲學原則所衍生的行為，而是可以在多種不同的文化背景中發展出來；同樣地，「寬容」也無須局限於自由民主的政治形式。如果我們堅守「寬容」的基礎定義為「異見的共存」，那麼出現在二十一世紀美國的宗教寬容與出現在十三世紀伊兒汗國和十八世紀大清帝國的宗教寬容就不必因為形式與思路不同而陷入「甚麼是真正的寬容？」（What is authentic tolerance?）的哲學難題當中。Walzer 在《On Toleration》的第二章提出人類歷史起碼五種不同理型（ideal type）的寬容政體（Regimes of Toleration），分別以不同的政治安排異見者的共存。當中包括多民族帝國（Multinational Empires）、國際社會（International Society）、聯盟政體(Consociation)、民族國家（Nation-States）、移民社會（Immigration Societies）。Walzer 指出，多民族帝國的「寬容」旨在將異見族群隔離，「因俗而治」，但亦「分而治之」；這就類同於今天的「國際社會」，以領土疆界劃分國家，在國家內以尊重「主權」擁有者對處理大部分文化差異的權力；聯盟政體也類同於首兩類別，可以說是沒有帝國中央政府以強制力量執行「因俗而治」與「分而治之」的協調機制；異於前三者，近現代出現的民族國家以主流／大多數民族取得國家的主導權，以己身的宗教、文化和價值為公共生活預設狀態，但卻容許非主流／少數民族和群體在不挑戰主流／大多數民族建立的政治建制的前題下，以自己的方式生存；最後的移民社會，則是以國家機器在原則上保持價值中立，制訂基本的多元共存規則。

Walzer 的討論突破了上述寬容思辯過度集中於「西方的」（Occidental）自由民主及基督宗教經驗，轉而以歷史案例的進路，在全書以不同案例探討人類社會過去曾出現的「寬容」如何可能，以百多頁的小書為「寬容」難題提綱挈領地覓出另一討論的進路。Oberdiek 和卡爾・波普提出的「寬容悖論」難題，在 Walzer 看來其

60／原文為「...a historical and contextual account of toleration and coexistence... examines the different forms that these have actually taken and the norms of everyday life appropriate to each...」（頁3）。

實早已在人類不同社會的實踐當中得到回應（不同於解答）。卡爾・波普認為「不寬容」的成員在「寬容」的社會中不被排除，則「寬容」社會可能為之瓦解，但 Walzer 卻認為在許多社會被「寬容」的族群實際上都難以被稱為「寬容」；他們可能在對異見者絕對無法認同下，於多民族帝國、聯盟政體、民族國家與移民社會的案例都能共存。[61] 當政治實體或是主流社會消極地「無視」（ignore）這些充滿仇恨的聲音，並能防止他們以公權力彰顯自身的排他性時，多元共存的景致遂仍能得以保持穩定。雖然我們不知道「寬容悖論」中的「不寬容者」是否在普遍原則下得到「寬容」，但事實是過去「寬容」的人類社會在一定程度上也已與他們共存。

如果以歷史學著作的角度量度，Walzer 的作品當然難稱完美。例如，他對多民族帝國的討論祇包括了波斯帝國、托勒密埃及（Ptolemaic Egypt）、羅馬帝國與鄂圖曼帝國；忽略了十三世紀以後的草原帝國（如上述的蒙古、滿洲帝國）在亞洲的經驗，也沒有談及以海洋連結的葡萄牙帝國與大英帝國在近世處理多元問題的答案。另一方面，Walzer 集中於討論政體與異見者的關係，也沒有深入分析一個帝國／國家／社會的內部的價值衝突。例如，當兩個沒有公權力的群體互動時，他們何時會傾向以暴力解決問題？何時會傾向採用「寬容」的原則和措施應對異見者？[62] 當然，沒有一位作者有責任介紹所有的故事，《On Toleration》題然是啟廸思考而非紀錄歷史事件。但對歷史學者來說，Walzer 所應用的進路，卻值得引用至不同的個案研究當中。這也是本書作者探討東亞小眾宗教案例的初衷。

61／原文為「Should we tolerate the intolerant? This question is often described as the central and most difficult issue in the theory of toleration. But that can't be right, because most of the groups that are tolerated in all four domestic regimes are in fact intolerant. There are significant "others" about whom they are neither enthusiastic nor curious, whose rights they don't recognize to whose existence, indeed, they are neither indifferent nor resigned.」（頁 80）。

62／Michael Walzer, On toleration (New Haven: Yale University Press, 1997)；劉擎：〈寬容：政治的還是哲學的？〉，《二十一世紀》，總期 63，2001 年 2 月，頁 145-147。

理教與古佛在大清國

——毛帝勝・國立成功大學歷史學系博士

一、前言

理教，又稱「在理教」，相傳是明末崇禎癸未年進士與全真教龍門派修士楊澤（羊來如，一六二一—？）所創，[63]主要活動範圍在華北一帶。[64]清朝（一六四四—一九一二）在清順治元年（一六四四）入關後，為鞏固民心而招攬前朝（大明）文人入仕，楊澤亦在其中。但楊澤不受清朝招撫，心底更有「反清」之意，於是暫隱京師白雲觀學道，並皈依全真龍門，是為「來」字輩傳人，道名「來如」，別字「佐臣」。[65]

63／不見著人：《理教源流》，收入王見川、蔣竹山編，《明清以來民間宗教的探索：紀念戴玄之教授論文集》，臺北：商鼎文化，1996年，頁108-110。

64／蔣竹山：〈1930年代天津獨流鎮商人的宗教與社會活動參與：以「在理教」為例〉，收入：王見川、蔣竹山編，《明清以來民間宗教的探索：紀念戴玄之教授論文集》，頁267。不見著人：《理教源流》，頁110。

離開白雲觀，回故鄉照顧父母。清順治三年（一六四七），父母相繼離世，上界無形之「聖宗古佛」顯化為老者開導楊澤，並開啟其雲遊之行。[66]理教因此而成立，並以「五字真言」引人入教，彼時教旨因涉及「反清」，故被當局視為「邪教」，亦因此與漢留（洪門）與漕幫（青幫）並稱為「紅花、綠葉、白蓮藕」。[67]理教在清末解禁以前，理教領正（神職人員）也會透過游化傳教（包含反清思維）並協助戒烟、酒。[68]然而，是何種原因讓這不被當局所接納的反抗群體，進而成為服膺於當朝並為主政者平反，如此之「匡正」轉變究竟是如何產生的呢？

二、追溯理教起源與聖宗古佛

理教傳承文獻不多，應只有約清光緒以後的《理教源流》[69]交代自身教門的傳承，並非如目前理教總公所稱之單一來自「羊祖」（楊祖、楊澤），於名目上具有諸多的教門匯流的集合體，這包含聖宗派（太上老君—尹喜之傳承）、丘祖派、龍門派與楊祖派（羊祖派）等，又以楊祖派作為理教的核心傳承。[70]《理教源流》內特別說到這幾個教派都是以聖宗派為源頭，奉尊「頭代」（始祖）太上老君與「二代」聖宗尹喜（慈航道人）；之後，該法本在楊祖派的傳承中特別說明理教創始者「羊祖」的傳記。

從成書時間判斷，應即清光緒以後才有的文本，這主要與理教經慈禧太后合法

65／中國人民政治協商會議天津市委員會文史資料委員會：《天津文史資料選輯》，卷51，天津：天津人民出版社，2003年，頁186。不見著人：《理教源流》，頁110。

66／趙東書：《理教彙編》，臺北：理教總公所，1973年，頁119。

67／陸仲偉：《中國祕密社會》，卷5，《民國會道門》，頁210。

68／趙東書：《理教彙編》，頁51-52。

69／該法本內敘述「理教」一詞乃是李鴻章請慈禧太后合法化後而廣泛使用的名稱，再加上內文亦談及理教與清廷之間的良好情感，與最初反清思維不同，故判斷應該是清光緒後的文獻。筆者亦有自詹雲煙先生處，購得同版異本之古卷。

70／不見著人：《理教源流》，頁107。

化，該教門不被朝廷視為抗清組織有關，故談及理教創始人「羊祖」與清帝順治曾有互動。若就早期理教便傳承之心法「五字真言」——「反清復大明」，應無可能書寫有關與清朝互動相好的紀錄，而有此判斷。就「羊祖」的傳記書寫，談及其字號時出現「佐臣」與「萊如」並說明其在全真龍門派出家三年，若對照理教其他文本，「羊祖」道號為「來如」可能與其曾為全真的身分有關，屬〈全真龍門派百字輩譜系〉第十三代的「來」字輩有關。然而「佐臣」的道號亦透露出有關「羊祖」的其他訊息。

自明代以來的官方資料觀之，都不見與「羊祖」相關的人士，從此判斷「羊祖」要麼很可能是山東省登州府的小教門——楊祖派教徒「造神」附會身分而有的傳奇人物，又要麼所謂創教者的「羊祖」很可能為多位人物拼湊而成的人物，因此法本內所謂的「誠証」、「佐臣」、「隆清」與「萊如」，甚至是其他文本提到的「楊澤」或「羊來如」，都很可能是多種的附會，尤其「佐臣」這個名字。[71]明、清鼎革乃理教形成的關鍵時刻，從前述之心法密號「反清復大明」之類的抗清用語，可以曉知理教的傳承應是源自明末清初時的民間抗清教門，其中與理教誕生的區域——山東省相關的抗清教門又以白蓮教的分支群體——八卦教為大宗。清初的八卦教教主劉佐臣，便有「佐臣」名字，且與「羊祖」皆為山東籍民。

然而，理教與八卦教是否有著密切關係呢？就清初劉佐臣藉白蓮教與黃天道教義創立五葷收元教，到其再改組為八卦教的教徒，彼此相互確認身分，都會以「在理」作為口語暗號，再加上劉佐臣之八卦教之後又發展成「理會」，並又分初「老理會」（又稱「老理教」）、「天理教」（林清領導之教門）等，故這些群體都與理教非常相關，甚至都與理教合法化前一樣，被朝廷定位為白蓮教與「理會匪」。[72]

劉佐臣在清初被定位為「白蓮教頭目」，其教門受到清朝皇帝與朝廷長期關注，儘管如此，基於劉佐臣與他的後裔、門徒的拓展之下，八卦教迅速發展，成為山東

71／不見著人：《理教源流》，頁110。

72／馬西沙、韓秉方：《中國民間宗教史》，頁698。山東巡撫陳預（清），〈奏為查明劉佐臣之子孫是單縣之劉姓非籍隸曲阜〉，編號：故機053326，清代檔案檢索系統（https://qingarchives.npm.edu.tw/index.php?act=Display/image/1184773g=9rr0O#cfJ），製作時間：1817年10月19日，最後瀏覽時間：2023年11月2日。

省至整個華北最龐大的民間教門，且影響到其他民間教門的教義，甚至將劉佐臣奉為祖師，並給予包含「聖宗老爺」、「聖公老爺」、「聖中老爺」等尊號。[73]

理教尊奉的主祀神，即被民國以後的理教徒普遍視為觀音的「聖宗古佛」是否與劉佐臣有關呢？[74]首先，前文引《理教源流》內文，理教有所謂的聖宗派的傳承，而該派又為理教教系傳承的「源頭」，而祖師傳成則是來自太上老君與其弟子——即被尊為「聖宗」的尹喜，而《理教源流》內又註解尹喜乃「慈航道人」。「慈航道人」，乃是道教對觀音的稱謂，故在清末建構的《理教源流》認為聖宗乃是東周春秋時期（前七七〇—前四〇三）老君的弟子尹喜，即「慈航道人」，故聖宗即觀音。[75]明、清的教門所謂「古佛」、「老爺」，意即教門的創始人或某位前人宗師的尊稱，故聖宗古佛亦可被稱為「聖宗老爺」、「聖公老爺」、「聖中老爺」等稱號。「聖宗古佛」之號與劉佐臣可能有著緊密關係。

劉佐臣的名號亦隨著八卦教的對外傳播，使之在山東省登州府境內的「楊祖派」影響而建構出以奉楊姓領袖（楊澤或羊來如）為始祖的理教，並將該派的楊姓領袖附會上劉佐臣的相關事蹟，甚至是名號；另外亦有可能，最初理教的創始人「羊祖」與主祀神「聖宗古佛」皆指劉佐臣，隨著派門演化而逐漸成為兩位不同的人物。清末理教合法化後，為與反清教門區別而淡化劉佐臣的影子，將部分元素附會在自身創教教主與主祀神。雖未能完全佐證此說，但可以大致確定，從地域發展與崇拜對象判斷，不論理教與劉佐臣的教門是否有直接關係，因劉佐臣的影響力長達兩百多年，故整個華北的教門皆有崇拜「聖宗」，而誕生於山東的理教則更不用說了。

73／馬西沙、韓秉方：《中國民間宗教史》，頁 698、757、770-771。莊吉發：《真空家鄉：清代民間秘密宗教史研究》，頁 239。

74／趙東書：《理教彙編》，臺北：理教總公所，1973 年，頁 40-48。

75／不見著人：《理教源流》，頁 107-108。

三、「匡正」：朝廷態度的轉變

清廷從清光緒九年（一八八三）起改變對劉佐臣相關教門的取締，即時任李鴻章為劉佐臣傳承之相關教門——理教的正名化，使之能在清朝境內何理傳播，甚至還影響到目前臺北市的理教總公所深信，「李鴻章與慈禧太后皆為理教徒」之說。真相究竟如何，而這個「匡正」轉變的背後又反映著何種時空背景與相關史事呢？

理教，或其原稱「在理教」之名，基本上都是在清光緒九年（一八八三）以後才出現的名稱。如同前文所言，「理教」應是出自劉佐臣教門的別稱，如「老理會」、「天理教」之類；「在理」則是成員之間的確認暗語，也可能於理教「匡正」後，因理教推廣戒菸忌酒，亦而使「在理」這個詞彙也在清末民初成為華北人「不飲酒」與「不抽菸」的回應詞。然而，劉佐臣教門或理教的正名化，得與李鴻章於清光緒九年（一八八三）八月十五日上呈慈禧太后的奏本《為查明天津在理教之人並非邪教匪徒請免拏辦恭摺密陳仰祈聖鑒事》便有談及李鴻章「匡正」的動機。

最初乃是清廷御史李璲在直隸省境內聽聞有所謂的「在理教」（以下均以「理教」稱之）藉著為人戒煙與戒酒的理由快速發展信徒，並根據民間口述耳聞指出理教乃是白蓮教之別號，而理教「教首」則是藏匿於天津且行蹤神秘的人物。故慈禧太后便指示李鴻章釐清這支新興蓬勃的教門來歷。故李鴻章調查理教之事的動機，乃是此一教門就朝廷判斷而言與最為忌諱之白蓮教有關，而且對中國歷代政權最為顧慮者，即「聚眾」，尤其又迅速發展的群眾聚集，更會被朝廷視為叛亂的前兆。然而，慈禧太后卻無直接指示搜捕，而是指派李鴻章前去調查，以明真相。[76]

76／李鴻章（清）：《為查明天津在理教之人並非邪教匪徒請免拏辦恭摺密陳仰祈聖鑒事》，編號：故樞 003939，清代檔案檢索系統（https://qingarchives.npm.edu.tw/index.php?act=Display/image/1187538r5EcOVk#39J），製作時間：1883 年 8 月 15 日，最後瀏覽時間：2023 年 11 月 2 日。

慈禧太后要李鴻章查找出兩大問題，即「理教與白蓮教的關係」與「理教首行蹤」二者，但李鴻章將這兩個問題帶過，而直接就理教對清朝的利益分析之。[77]就清光緒九年（一八八三）的局勢，彼時的清朝是自鴉片戰爭（一八三四—一八四二）以來與歐洲列強簽訂喪失諸多「不平等條約」，尤其是解除「禁教」政策，開放歐洲人在華自由傳教，享受在華自由出版權益，同時也讓歐洲人在華不受清朝律法規範享受治外法權（Legal Extraterritoriality），這些舉措讓整個朝廷與地方相當憂慮於歐洲人在政治上的影響。[78]此時正好是清法戰爭（一八八四—一八八五）爆發前幾個月的時局，也是法國人與中國人相對矛盾的階段。

誠然，削弱「不平等條約」對清朝的影響，乃是李鴻章諸多工作事項之首要解決之事。故李鴻章查案時，清楚明白理教具白蓮教色彩。政治考量上，歐洲列強乃為首敵，他很可能盤算著「聯合次要敵人打擊主要敵人」之勢，用以制衡歐洲人在民間的影響。

再者，從理教的實踐面上，其用以聚眾招募教徒的戒烟（鴉片）戒酒的特製藥膏療法，不僅可以作為民間戒除鴉片的榜樣，同時也可以牽制歐洲教會勢力。

李鴻章會特別提及教會的原因，即歐洲人會透過教會設置強化治外法權的履行，而使清朝在行政執行常處困境，再加上歐洲人又會基於特權與清朝官員對抗。相較之下，理教群體對清朝官員相對恭敬，而可以透過他們在民間推廣戒除烟、酒，同時與教會制衡。儘管李鴻章對理教發展仍有顧慮，他仍強調理教的成員皆是良民。[79] 清光緒二十四年（一八九八）初，理教經核准正式在北京設至理教總公所作為全國理教之大本營，從官方到民間對理教完全接納。理教可能也「匡正」的影響，而逐漸淡化與劉佐臣、白蓮教相關之符號。

77／李鴻章（清）：《為查明天津在理教之人並非邪教匪徒請免拏辦恭摺密陳仰祈聖鑒事》。
78／王飛凌：《中華秩序：中原、世界帝國與中國力量之本質》，臺北：八旗文化，2003年，頁181。
79／李鴻章（清）：《為查明天津在理教之人並非邪教匪徒請免拏辦恭摺密陳仰祈聖鑒事》。

四、結論

理教起源可能與白蓮教或劉佐臣教門有著緊密連結。理教法本說明其繫有多宗派傳承，包含丘祖的全真龍門派、聖宗派與楊祖派。甚至連「羊祖」之人是否為單一或多人集合之人物，至今仍未有定論。當時華北民間教門均受到劉佐臣影響，而引進抗清密語，甚至是有關教主崇拜的「聖宗」尊號，也可能是影響理教建構出「聖宗古佛」的由來。

清朝長期無法接納的劉佐臣相關教派（包含理教的前身），尤其這些教門都有明顯的抗清色彩。清光緒九年（一八八三），清廷首次留意理教的傳播，故慈禧太后命李鴻章調查。李鴻章對此未落實對理教的調查，反而希望藉由理教牽制歐洲勢力。導致原先受到朝廷提防的理教，因政治與權衡考量，而被擇優詮釋，並「匡正」為屬良民之教門，之後發揚光大。也可能因此「匡正」作用下，理教徒逐漸將具有濃厚劉佐臣色彩的「聖宗古佛」，徹底轉型成觀音。

天德聖教與童子軍在中華民國

——李新元・國立成功大學歷史學系博士候選人

一、緒論

在十九世紀末至二十世紀初，中國面臨著外來文明的衝擊，其中包括西方的醫療技術、教育體系和軍事思想。這些新觀念和技術的引入，使得中國社會出現了許多變革。[80]在這樣的背景下，童子軍運動透過基督教青年會引入中國。它不僅培養了青少年的身體和心理素質，更加強了他們對國家和社會的責任感和認同感，[81]也帶動了中國教育體系的改革和發展。[82]

80／可參黃金麟：《歷史、身體、國家》，臺北：聯經出版社，2001 年。

81／可參黃金麟：《政體與身體》，臺北：聯經出版社，2005 年。

82／可參孫佳茹：〈中華民国期における子どもの社会教育に関する研究 -「童子軍」の成立と展開 -〉，早稲田大學教育學博士論文，2019 年。秦穗齡，〈童子軍與現代中國的青少年訓練（1911~1949）〉，國立臺灣師範大學歷史學系碩士論文，2005 年。

而在一九二〇年代童子軍運動走向本土化的過程中，相當程度受到天德聖教的影響。關於天德聖教的研究，目前主要以二〇二三年毛帝勝的博士論文《民國時期新興宗教天德聖教之研究》，為目前最新的著作，該著作針對民國史脈絡下天德聖教的發展，有相當深度的討論，因此為本文主要參考的先行研究資料。

因此，本文將以中國童子軍運動的發展作為案例，探討其如何在這樣的歷史背景下興起，以及在一九二〇年代非基運動的影響下，如何走向本土化，以及天德聖教的發展對於童子軍運動，甚至是對中國社會的影響。

二、童子軍的起源——跨越基督教派的宣教工具

一八九九年，第二次波耳戰爭（Second Boer War 一八九九—一九〇二）中，[83]

英國陸軍上校羅伯特・貝登堡（Robert Baden-Powell，一八五七—一九四一，以下簡稱貝登堡）於梅富根城包圍戰（Siege of Mafeking）中協助英國取得戰役的勝利，因此成為戰爭英雄。戰爭結束後，貝登堡決定幫助青少年團體，設計一個新的活動方式，[84]一九〇八年集結成《Scouting for Boy》，作為當時重要的青少年手冊[85]，並得到基督少年軍與基督教青年會的支持，透過他們已經發展至全世界

83／日文譯為英士戰爭、南阿戰爭，本文以波耳戰爭稱。關於波耳戰爭與英國陸軍改革的部分可參張倚齊，〈英國陸軍與南非戰爭（1899-1902）〉，國立中興大學碩士論文，2012年。

84／基督少年軍於1883年10月4日由威廉・亞力山大・史密斯爵士（William Alexander Smith,1854-1914）於蘇格蘭格拉斯哥自由教會神學院禮拜堂成立，其精神為：「於青少年人之間，擴展基督的國度，同時促進服從、虔誠、紀律及自愛等良好行為，以達成基督化的人格。」他相信團體精神和軍事紀律融合在宗教活動中，將更有助於教導兒童。以此教導教會的青少年。資料來源：香港基督少年軍官網—發展與起源，網址：https://www.bbhk.org.hk/about.php?classid=2。五十野和男編著，《日本の少年団運動—資料に見る黎明期のスカウティング》，日本スカウト切手・メモラビリアクラブ，2018，頁12。ボーイスカウト日本連盟，《日本ボーイスカウト運動史》，東京：ボーイスカウト日本連盟，1973年，頁9。柯保羅，《香港童軍百年圖史》，香港：香港童軍總會，2012年，頁13。

85／Baden-Powell, R.S.S.. Scouting for Boys:A Handbook for Instruction in Good Citizenship., page 10-12。生駒高常，〈少年團訓練の精神〉，《臺灣時報》，臺灣總督府，1926年4月刊，頁30。

的基督教宣教網絡。

一九〇九年，在威海衛英租界「威海衛學校」（Weihaiwei School）成立中國第一個童子軍團，「貝登堡童子軍北中國第一團」（The 1st North-China Troop of Baden-Powell Boy Scout）。[86]而關於華人童軍團的設立，則是在一九一二年二月二十五日余日章校長與嚴家麟牧師（一八九一—一九六八？），[87]在武漢文華大學校組織第一個童子軍團[88]。

一九一三年四月，基督教青年會主導成立「中華童子偵探會」，建立制度、制服與徽章，該組織規模於第三次遠東運動會時聲勢達到高峰，是號稱中國第一個全國性的童子軍組織。[89]

三、非基運動與童軍本土化

雖然一九一五年，以康普為首的海外宣教團隊在東亞運動會成功辦理以後，基督教青年會成功擴大了中華童子偵探會，但本土的教育領袖逐漸與外國勢力產生摩擦，在一九二三年的非基運動達到高峰。[90]基督教青年會的組織被破壞，緊接胡適、蔡元培等又主張「收回教育權」運動，[91]教會學校被視為侵略組織，童子軍組織在推廣上因此受到嚴重的影響。

86／王冠中：〈童子軍運動在中國的引進與早期發展，1909-1926〉，國立臺灣師範大學碩士論文，2021年，頁12-13。

87／余日章的背景與基督教青年會和聖公會有密切的連結。後來更擔任中國基督教青年會總幹事。北京清華學校編：〈余日章〉，《游美同學錄》，北京：北京清華學校，1917年，頁49。嚴家麟則為文華大學院神學與文學學士。

88／本段原文參考自：嚴家麟口述，張效良筆記：〈中國童子軍溯源〉，童子軍學術講座，1944.6.14，國立屏東大學藏，頁15。

89／Presbyterian Mission Press, Chinese Recorder and Missionary Journal(教務雜誌): Volume 46, Shanghai:Presbyterian Mission Press,1915,p.434.

90／李鎮華：〈基督教青年會在華傳播競技運動（Sport）的本土化歷程（1885-1928）〉，國立臺灣師範大學體育學系碩士論文，2004年，頁99

91／許義雄等著：《中國近代體育思想》，臺北：國立編譯館，1996年，頁182-183。

一九二七年蔣介石與宋美齡聯姻後，雖然減緩基督教的迫害，卻也讓童子軍運動被國民政府所掌控，[92]一九二八年，中國國民黨童子軍司令部成立，並且在北伐期間逐步收編全國各地的童子軍組織，[93]最後成為中國童軍的統制機構。為符合當時民情的需要，開始重新訂定規章制度。而在此時，一個新興宗教的出現，相當程度影響了中國童子軍宣揚的理念與精神，就是天德聖教。

四、中國童子軍精神與天德聖教

二十世紀初，中國社會面臨著政治動盪和文化變革，各種思想流派和宗教組織紛紛嘗試在這片動蕩的土地上扎根。其中，天德聖教提出「五教匯宗」的主張，[94]認為「天德」是自古以來的道德準則，因此也稱「德教」（自黃帝以來的天道觀）。

而以孫中山先生歸納為四維（禮義廉恥）、八德（忠孝仁愛信義和平）以教人，也是天德的一種，簡而言之，天德聖教雖有所宗有所教，但不是宗教。[95]

一九二六年，天德聖教的奠基者蕭昌明頒布了「廿字真言」，這可以說是天德聖教發展的起點之一，所謂的「廿字真言」，即為：「忠恕廉明德、正義信忍公、博孝仁慈覺、節儉真理和。」[96]一九二八年，武漢宗教哲學研究社的成立進一步推動了天德聖教思想的擴散和深化。

其中戴傳賢（一八九〇—一九四九）是中國童子軍與天德聖教發展上的關鍵人物之一，雖然大多數人知道他是一位佛教徒，[97]但他與童子軍運動的發展，以及天德

92／李文輝：〈莫忘來時路／12月1日—蔣中正宋美齡結婚〉，中國時報，2015年12月1日，網址：https://www.chinatimes.com/newspapers/20151201001466-260109?chdtv

93／戚學民、潘琳琳：〈論國民黨對童子軍治權的奪取〉，《澳門理工學報》2016年第4期，澳門理工學院，2016年，頁184。

94／天德教總會編：《天德教簡介》，新北：天德教總會，1989年。

95／蕭昌明：《宗教，人生，哲學與社會》，新北：天德教總會，1989年，頁5。（原稿為1930年）

96／蕭昌明：《宗教，人生，哲學與社會》，新北：天德教總會，1989年，頁7。

聖教的興起有著密切的聯繫。他是中國童子軍制度的建立者，也與茅祖權幫助宗教哲學研究社向位於南京的中國國民黨登記，因此天德聖教也強調奉行三民主義。[98]

時逢中國國民黨中央執行委員會成立了「中國國民黨童子軍委員會」，開始指導全國童子軍事業。而在規章制定的過程中，戴傳賢將天德聖教的理念融入到童子軍的綱領與中國童子軍歌中，其中忠孝、仁愛、信義、和平等理念，體現兩者的共通性。[99]

在《童子軍教育淺說》中，就體現了此關聯，在童子軍精神中，提及對人以「恕」，對事以「忠」，對國家社會以「公」，忠、恕、公就是中國正統思想，並要持守四維八德，做到知行合一，智仁勇兼備，發揮中國民族傳統精神，並以忠、恕、公三字從小做起以建立健全人格，才能做健全青年。[100]而天德聖教的〈願力〉則提到：「抱大慈大悲心，挽劫救災，醫疾解痾，度陰度陽。以大忠大恕，大無畏精神，弘道闡教，促進世界大同。」[101]可見童子軍精神在詮釋中國傳統文化與其關聯時，確實受到蕭昌明的宗教觀與廿字的影響。

雖然一九三三年，宗教哲學研究社遭到批評，質疑蔣中正放任天德聖教在南京張揚，這表明了當時政治力量對於宗教組織的控制和影響。[102]隨著宗教哲學研究社於一九三六年被取締，天德聖教早期宣教受到一定程度的打壓，但其理念已經影響了當時的統治階層，尤其是在童子軍運動上。[103]

童軍雖與天德聖教不同，但又有著某種共通之處的思想體系。童軍強調對自

97／〈戴季陶信佛之由來〉，《天津商報畫刊》第 12 卷第 5 期，頁 1。

98／中國會道門史料集成編纂委員會編：《中國會道門史料集成：近百年來會道門的組織與分布》，下冊，頁 825。康豹：〈一個著名上海商人與慈善家的宗教生活——王一亭〉，康豹主編，《近代中國的宗教》，臺北：新文豐出版社，2018 年，頁 394。毛帝勝：〈民國時期新興宗教天德聖教之研究〉，國立成功大學歷史學系博士論文，2023 年，頁 105。

99／參考中國童子軍歌、天德教經典《人間火宅》，〈收煞慾奴智慧舒解〉。

100／夏煥新：《童子軍教育淺說》，北京：中國教育圖書出版社，1959 年，頁 4。

101／天德教總會編：《德教簡策》，新北：天德教總會，出版年不詳，頁 5。

102／則鳴：〈記首都之天德教（上）〉，《時代日報》，1933 年 1 月 21 日。則鳴：〈記首都之天德教（下）〉，《時代日報》，1933 年 1 月 23 日。

103／行政院：〈取締宗教哲學研究社誘人案〉，收入南京市政府，《南京市政府公報》，第 167 期，南京：南京市政府，1936 年，頁 38。毛帝勝：〈民國時期新興宗教天德聖教之研究〉，國立成功大學歷史學系博士論文，2023 年，頁 106。

然和宇宙的敬畏與尊重，上蒼被視為無上的存在。[104]而天德聖教則以天德（無形道祖）為核心，[105]認為宇宙萬物都擁有神性。兩者都重視品格培養，例如尊重他人、勇敢、誠實、公平等價值觀。此外，童軍和天德聖教都支持三民主義，童子軍曾自許為「三民主義的少年兵」，[106]而天德聖教的前身宗教哲學研究社，蕭昌明直接明定社員奉行三民主義，並主張孫中山思想也是天德運行的一部分。童軍強調每個人應有自己的信仰，並讓信仰成為生活的一部分。[107]而天德聖教則提倡宗教對話，推動宗教間的和諧與合作。兩者都追求世界大同和宗教大同的理念，希望實現世界和平與共融。

五、結語

童子軍運動原來是由基督教在華宣教團體所創立的社區服務隊，然而隨著時代的變遷與國家形勢的演變，逐漸透過天德聖教的概念走向中國本土化。

尤其童子軍運動的本土化，與天德聖教的前身，宗教哲學研究社的發展初期，中國的國族主義觀念逐漸醞釀形成。在這樣的時代背景下，童子軍運動以及天德聖教都受到了三民主義的影響，開始了轉型。

這兩者雖然有著不同的發展歷程，但卻都在大同世界的理念下尋找著新的出路，在當時試圖建立世俗政權的國民，尋求生存空間。

104／在世界童軍總會信條中，上蒼的原意為「God」，也就是基督教概念的上帝。

105／天德教總會編：《德教簡策》，新北：天德教總會，出版年不詳，頁4。

106／參考戴傳賢作詞，中國童子軍歌歌詞：中國童子軍，童子軍，童子軍！我們，我們，我們是三民主義的少年兵！年紀雖小志氣真，獻此身，獻此心，獻此力，為人群。忠孝仁愛，信義和平，充實我們行動的精神！大家團結向前進，前進，前進！青天高，白日明。

107／中華民國童軍總會章程：第二條　中華民國童軍以發展青少年潛在能力，養成良好習慣，使其人格高尚、常識豐富、體魄健全，成為智仁勇兼備之公民；以建設民有、民治、民享之國家，而臻世界於大同為宗旨。第三條　中華民國童軍對個人宗教信仰予以尊重。（資料來源：中華民國童軍總會，網址：https://www.scout.org.tw/autopage_detail/25/181 檢索日期：2024年5月11日）。

雖然天德聖教在當時是一個小眾宗教，但由於種種時代的因素，它的信條進入到童軍訓練中，使天德聖教所倡議價值觀與資產，逐漸成為了中華民國的信條與集體記憶的一部分。因此，通過更深入地研究戰前史料，可以更清楚地了解國民黨、童子軍以及宗教哲學研究社之間的關聯，進而認識中華民國真實的國家精神與理念核心。

簡而言之，童子軍運動在中國近代史上扮演了不可或缺的角色，它與國家發展、國族主義觀念以及宗教文化的交融，共同鑄造了當時中國社會的一部分，值得我們深入探討與研究。

天主教與戲劇在民國山東

——張穎

一、前言

明代耶穌會傳教士在中國活動期間，曾於山東建立天主堂，後因禮儀問題導致傳教活動式微。近代山東天主教的發展起於鴉片戰爭，再次有天主教傳教士進入山東傳教。一八八一年天主教聖言會傳教士安治泰（Johann Baptist Anzer）與福若瑟（Joseph Freinademetz）於山東陽穀縣坡里莊開始傳教活動。[108] 聖言會多次嘗試在兗州設立教堂，但因受當地居民反對未果。[109] 甲午戰爭之後，德國欲租借山東膠州灣，便於一八九七年以「巨野教案」[110] 為名義佔領膠州灣，並於兗州

108／周華德（Walter A. Joyce）著，薛保綸譯：《天堂的拓荒者》，臺北：天主教聖言會，1996 年，頁 67-68。

109／山東省兗州市地方志編纂委員會編：《兗州市志》，濟南：山東人民出版社，1997 年，頁 832。

110／1897 年兩位德國聖言會教士在山東曹州遭盜賊所殺，當時的兗州教區主教安治泰向德國提議興兵保教。

正式建立天主堂。[111]一八九九年教堂落成後，成為山東西南地區天主教中心，至一九一九年時受洗者已逾五百人。[112]

天主教聖言會長期致力於出版傳播的傳教方式，「天主教聖言會傳教士都認為出版和散播好的讀物為他們的任務之一。」[113]因此在波里莊傳教期間即於當地設立小型印刷廠，第二任兗州教區主教韓寧鎬尤其支持出版傳教活動，以及對漢學的重視，其擔任主教期間（一九〇四－一九三五）支持傳教士書寫傳教所需出版品，也為民初山東地區聖經翻譯與推廣的契機。[114]二十世紀初聖言會開始翻譯《聖經》[115]，後來甚至開始有本地信徒加入編寫聖經故事的行列。

自一九一四年起，山東兗州天主堂發行多部改編自《聖經》的戲曲劇目，其主要作者為當地中國秀才費金標。目前所見費金標改編聖經的劇作主要源自《創世紀》與《舊約》數部「傳記」，改編文類以山東鼓詞與梆子為主，出版地則有兗州天主堂與上海土山灣印書館。因著不同的改編時間與體裁，其編劇的手法與策略也有所不同，本文預計以此探討兗州天主堂改編《聖經》為演劇的策略，以及其聖經劇在不同地區發行的差異。針對費金標的改編作品，因著不同的改編文類與出版地，本文將選取兗州天主堂鼓詞版與梆子版《洪水滅世》、與土山灣印書館出版之《厄斯德爾》劇本與《多俾亞傳》鼓詞為探討。

111／張玉法：《中國現代化的區域研究─山東省1860-1916》（臺北：中央研究院近代史研究所，1987），頁163-167；山東省兗州市地方志編纂委員會編：《兗州市志》，頁832-833。

112／佚名：〈山東南界教務：陽谷縣坡里莊天主堂〉《聖教雜誌》第8卷第11期（1919），頁507。

113／周華德（Walter A. Joyce）著，薛保綸譯：《天堂的拓荒者》，頁144、148。

114／〔德〕赫爾曼．費希爾（Fischer, Hermann）著，雷立柏編譯：《傳教士韓寧鎬與近代中國》，北京：新星出版社，2015年，頁275、278。

115／根據鄭海娟的彙整，1905年至1910年間聖言會德籍傳教士先後從《舊約》撰譯《古經略說》、《古經大略》、《古經詳解》與《古新史略圖說》等，最後一部正由兗州天主堂出版。詳見：鄭海娟：〈明末至民初天主教文獻中的《舊約》故事改寫〉，《季風亞洲研究》第4期，2017年，頁80。

二、德屬天主堂的傳教行動

一九一四年兗州天主堂於所創辦的雜誌《公教白話報》[116]陸續刊載了改編自《聖經》的《創世紀鼓詞》，作者為山東省兗州府壽張縣波里莊人費金標。《創世紀鼓詞》一共八回，分別將《創世紀》中「造天地」至「亞巴郎殺兒祭祖」的故事改編為講唱形式的鼓詞。之後費金標更在一九一八年推出共八卷以《舊約》故事為主軸的《聖教古史小說鼓詞》，並由山東兗州天主堂印刷出版。《聖教古史小說鼓詞》第一卷即為曾刊載於《公教白話報》的《創世紀鼓詞》，因天主教與基督教之《舊約》在經卷上略有出入，《聖教古史小說鼓詞》則包含了基督教《聖經》未收錄的《多俾亞傳》、《友弟德傳》等。

天主教雖然在庚子事變中受到很大的打擊，但在之後的二十年間信徒人數卻迅速提升，一九〇〇年中國天主教徒約七十四萬人，一九〇七年達到百萬，一九二一年超過兩百萬。[117] 其中山東地區共有十六萬信徒，位居中國各省第三。[118] 人數成長與天主教多元的傳教方式以及嘗試開拓不同階層信徒有關。從費金標編寫《聖教古史小說鼓詞》一事可見，在一九一〇年代的山東地區，已出現當地信徒加入編寫聖經故事的傳教行動中，採用的文類還是貼近當地市井娛樂的山東鼓詞，顯示民初時間，兗州地區天主教於傳教者與宣傳文類兩方面的在地化。費金標將《聖經》經文為改編為鼓詞中的說白唱詞，使《聖經》經文故事化與通俗化，這樣的改編策略很可能是為了當時當地的底層社會民眾所設，以打破天主教慕道友之「識字」門檻，以戲曲傳唱的方式加速聖經故事與教義的傳播。在鼓詞本身的講唱特色之外，兗州天主堂也未落下固有的文字傳播方法，將這些鼓詞劇本印刷出版，可見其案頭與搬演雙管齊下的傳教方式。

116／《公教白話報》於 1913 年 3 月創刊，由羅賽神父主編，是中國天主教早期白話報刊之一。
117／顧衛民：《基督教與近代中國社會》，上海：上海人民出版社，1996 年，頁 370。
118／中華續行委員會調查特委會編：《1901-1920 年中國基督教調查資料》，北京：中國社會科學出版社，2007 年，頁 1268。

三、講唱山東與小說上海

費金標是山東兗州的本地秀才，其《聖教古史小說鼓詞》由兗州天主堂出版，且獲得主教韓寧鎬的核准，其本身很可能是一位天主教徒。[119] 費金標的《聖經》改編創作自民初起，早期創作以鼓詞為主要文類，一九一四年刊載於《公教白話報》的《創世紀鼓詞》與一九一八年出版的《聖教古史小說鼓詞》都是以鼓詞的方式創作。傳統戲曲長期具備案頭文學與舞台演出兩種模式，也因此開展「編劇中心」與「演員中心」兩種發展路徑，尤其是現實舞台的戲曲表演，演出主軸經常圍繞於主演者的個人風格魅力。然而當此戲曲發展慣例遇到以「傳教」為目的的演出時，表演的核心與重點也產生位移。為使傳教能夠順利推行，受眾的接收度成為要點，聖經劇也形成以觀眾為中心的樣貌。

費金標改編《舊約》故事為鼓詞，本以兗州當地為主要的傳播地點，因此選定自身與當地居民皆熟悉的山東鼓詞為改編文類。然而這些聖經鼓詞並未止步於山東，在兗州天主堂出版後不久，費金標的部分創作也在上海土山灣印書館印製出版。上海土山灣印書館前身為土山灣孤兒院，於一八六七年成立印刷廠，本有訓練兒童學習雕刻、印刷與繪畫之手藝與印製宗教文件的用意，後成為中國中西方印刷術交流的重要地點，一八九八年起成為上海法租界當局文件的主要印刷廠所。[120] 根據天主教報刊所統計，土山灣印書館至一九三五年時每年可印刷三十萬冊中文書籍、五萬冊西文書籍。[121]

費金標的改編活動起源於一九一四年《公教白話報》上連載八回的《創世紀鼓詞》，由這項早期改編活動中可見天主教信徒嘗試「俚俗化」《聖經》故事貼近市

119／鄭海娟：〈明末至民初天主教文獻中的《舊約》故事改寫〉，頁 90。

120／上海土山灣印書館，設立印書場本有訓練兒童學習雕刻、印刷與繪畫之手藝與印製宗教文件的用意，後成為中國中西方印刷術交流的重要地點，並於 1898 年起成為上海法租界當局文件的主要印刷廠所。詳見：鄒振環：〈土山灣印書館與上海印刷出版文化的發展〉，《出版文化的新世界：香港與上海》，上海：上海人民出版社，2011 年，頁 3-7。

121／佚名：〈上海徐家匯土山灣印書館概況〉，《磐石雜誌》第 3 卷第 5 期，1935 年，頁 56。

井民眾。以鼓詞版《洪水滅世》為例，文中即有許多俚俗的用句，如「龍生龍　鳳生鳳　老鼠生的會鑽洞　又說　買屋子看樑　尋媳婦看娘」[122]「唱戲的腿，說書嘴」[123]等與《聖經》內容並沒有太大關聯，卻相當接地氣的語句。然而劇中鼓詞唱段並不嚴謹，一般戲曲唱詞多以七言或十言為規範，但《創世紀鼓詞》則更常見如「這憑據就是一道虹　從今在沒洪水淹　率領著他們往前進　天堂的道路最平安」[124]的八言句式，其押韻格式也相當自由。

《創世紀鼓詞》一共八回，其中僅第四回《洪水滅世》在一九一六年由原作者費金標改編成梆子，並依篇幅所致，該劇並未分幕。梆子源於陝西，於清中葉後流行於山東地區，唱腔也受到山東本地影響而變化，並有許多班社以演出山東梆子為生。將鼓詞改編為梆子同樣是出於傳教所需的考量，相較於純粹由敘述者講唱的鼓詞，梆子為演劇表演，通常由不同演員合作搬演而成，舞台表演也將更為活潑與多元。相較鼓詞版與梆子版《洪水滅世》可見增加情節、減少俚俗用語等現象，從「立虹為記」的段落「有諾厄見天神空中顯聖，立憑據又顯出一道彩虹。這一次滅界有憑有據，到後來再勸人誰敢不聽。」[125]可見原本的八字句，已改成貼合戲曲規範的十字句，以此可見梆子版《洪水滅世》在內容與格式上都有精修鼓詞版的現象。

歷經庚子事變後，天主教在中國的的發展也產生變化，「與十九世紀相比，世俗性相對減弱了，宗教性相對增強了……盡量地向讀者進行宗教宣傳。」[126]這樣的現象從兗州天主教的聖經劇中也可見一班。前文述及聖經劇以觀眾為中心，共八回的《創世紀股詞》中僅選取《洪水滅世》，可見該故事較受到當時觀眾的歡迎。費金標接連創作鼓詞版與梆子版《洪水滅世》，可見嘗試以不同的文類進行不同面向的傳教活動，梆子為當時山東主要流行劇種，其觀眾群與傳播地區可能

122／費金標：《洪水滅世》，《公教白畫報》第2卷第18期，1914年，頁285。
123／費金標：《多比亞傳鼓詞》，《古聖若瑟劇本——民國天主教聖經劇戲劇選集》（臺北：財團法人周聯華牧師紀念基金會，2019），頁145。
124／費金標：《洪水滅世》，《公教白畫報》第2卷第18期，1914年，頁288。
125／費金標：《洪水滅世劇本》《古聖若瑟劇本——民國天主教聖經劇戲劇選集》（台北：財團法人周聯華牧師紀念基金會，2019），頁299。
126／顧衛民：《基督教與近代中國社會》，頁400。

都要比鼓詞來的廣泛。然而此後費金標仍舊持續改編鼓詞與梆子兩種類型的作品，可見不同文類有其特定的受眾，爾後兗州天主教對於傳教的開拓不再囿於文類的改寫，而是嘗試將改編作品從兗州鄉村轉往大城市上海——即土山灣印書館。

十九世紀末至二十世紀三十年代，土山灣因書館出版過不少天主教人物傳記。[127] 也是在這樣的契機下，費金標在上海出版的改編劇目，皆以《舊約》傳記故事為主。而兗州天主堂本身即有頗具規模的印書館，卻要將劇本送往上海出版，其看中的應為土山灣印書館有效推廣出版品的能力：

> 感謝天主五十年中，印刷所所有之成效，所出書籍，聖心報聖教雜誌教科書聖像等件，不第流傳於江南地方，竟通中國二十四行省外，而置安南日本暹羅緬甸南洋歐美各國，凡有中國僑民所至之處，莫不用土山灣所出書籍。[128]

兗州天主堂將費金標的作品送往上海，並由土山灣印書館將其聖經劇加入《德育小說》系列，可見希望能將傳教區域從山東拓展至上海。

山東出版的聖經劇多改編自《創世紀》，移至上海土山灣印書館出版的聖經劇則多出自《舊約》傳記類經卷，因此篇幅上便將大幅增加，情節更為複雜，甚至常有增加人物的現象，如《厄斯德爾》、《多俾亞傳》文中增添「天神」、「天主」等角色。從鼓詞版與梆子版《洪水滅世》可見為了傳教所需，教會嘗試改換聖經劇的劇種。《厄斯德爾》原為梆子《多俾亞傳》為鼓詞，而這兩部劇作送往上海出版時則都歸類於「小說」文類，這固然反應了中國長期以來將小說戲曲歸為一類的安排方式，但也同時揭示了當時上海文化娛樂流行更傾向現代小說與戲劇。因此從兗州送往上海的劇作並沒有因地制宜做改動，反而保留了山東當地的文類與風格。這很有可能跟費金標與兗州當地傳教士雖知上海印刷進步、人口眾多、演劇流行活躍，卻不熟悉上海當地流行之戲曲劇種有關，因此無力將山東鼓詞與梆子改寫劇種。即便土山灣印書館著作通行各地，原先主要用於傳唱搬演的山東

127／鄒振環：〈土山灣印書館與上海印刷出版文化的發展〉，頁15。
128／佚名：〈土山灣印刷所五旬金慶志盛〉，《聖教雜誌》第9卷第6期，1920年，頁284。

當地聖經劇，在離開山東以後變很可能失去演唱的傳播功能。如《多俾亞傳》，結尾處說書人之「且聽下回分曉」說詞以「只得是下會書裡續綸音」[129]的方式呈現，反映本為鼓詞之講唱文類的《多俾亞傳》在上海出版的過程中已然「案頭化」，原以搬演為取向的聖經劇至上海後單方面的走向文字傳播的路徑。

四、用戲曲包裝的異國故事

（1）本土化與文化套用

兖州天主堂對《聖經》的改編從《舊約》開始入手，這依循了早期天主教改編《聖經》多針對《舊約》與「耶穌生平」的慣例。[130]而自民國以來天主教改編《聖經》的策略也出現轉變。明清天主教文獻中《舊約》相關的內容大多以說理為主，重點在闡明教義，在一定程度上摒棄了《舊約》本身所具有的文學特徵，難免有過於抽象甚至不無枯燥之嫌，這一情況到了二十世紀初才略有改觀。[131]

從兗州天主堂費金標的劇作中可見，「故事性」是當時傳教士與信徒改編《聖經》的考量之一，劇中文句與情節皆有本土化與戲劇化的現象，甚至可謂是以融合中西色彩的方式，呈現一個極具戲劇性的宗教道德傳揚故事。

為了使中國當地民眾了解故事情節的推進，費金標也嘗試將聖經故事與當地文化禮俗結合或是以相近概念解釋。這樣的現象在《多俾亞傳》中尤為常見，尤其在婚俗與職稱上經常將東方概念直接套用。如劇中多俾亞的婚禮便可見作者嘗試解釋區分拜天地與拜天主的異同：

129／費金標：《多俾亞傳》《古聖若瑟劇本——民國天主教聖經劇戲劇選集》，臺北：財團法人周聯華牧師紀念基金會，2019年，頁128。

130／黎子鵬：〈寓教於樂：天主教聖經戲劇《古聖若瑟白話演義》研究〉《聖經文學研究》第14輯，2017年，頁154-155。

131／鄭海娟：〈明末至民初天主教文獻中的《舊約》故事改寫〉《季風亞洲研究》第4期，2017年，頁80。

> 話說辣跪爾許了親事，隨後就叫他二人行婚配禮。什麼是婚配禮呢？列位，是您不知。大教裡娶了媳婦，都說是拜天地，也說是拜堂成親。要說拜天地，可就差了——因為天地是死物，不是活物，也不是鬼人，不可拜他；要說是拜堂成親，這是古禮——因為上古時候，各處的人都是奉教的，有了婚姻大事，都是進堂叩拜天主，從這裡纔說是拜堂成親。[132]

可見費金標嘗試以中國之拜堂成親類同聖經故事中的婚配概念，但又再次強調拜天地萬物——死物與拜天主——真神的差異。《多俾亞傳》中本有天神一角，是劇中帶領多俾亞完成婚配、取款與醫治父親的重要推手，而此天主使者的角色在劇中也帶入了中國官職之概念：

> 你只可感謝天主莫謝我，我原是天主跟前欽差臣。
> 天主前七大天神就有我，我就是辣法阨爾大天神。[133]

劇中以「欽差」類比天神職位，欽差大臣本為古時皇帝的奉命差遣出外辦事的重要官員。劇中將天主差派天神過程以天子派遣大臣為比喻，雖有讓中國當地民眾易於了解的用意，但也可見本地信徒在改編聖經故事時刻意「中國化」的手法。

（2）囿於戲曲格式的改動

在費金標的劇作中，除了初期的《創世紀鼓詞》篇幅較短之外，後續改編的作品的篇幅都有增長的現象，增加情節的同時也增添角色。而其中最常見的新增角色為「天神」或「天主」。這樣的現象在《厄斯德爾》與梆子版《洪水滅世》中都可見。如《厄斯德爾》中厄斯德爾違反宮規未召擅自見王時，劇中安排了「天神將厄斯德爾擁倒在地的情節」[134]，這段內容不見於《聖經》，作者刻意添加則有意突顯冒犯聖上的驚恐，以及天神適時的保護作用。在梆子版《洪水滅世》中，天神更是被安排了大段的唱段，並擔負指導諾厄登船的任務：

132／費金標：《多俾亞傳》，頁137-138。
133／費金標：《多俾亞傳》，頁156。
134／費金標：《厄斯德爾劇本》《古聖若瑟劇本——民國天主教聖經劇戲劇選集》，臺北：財團法人周聯華牧師紀念基金會，2019年，頁197。

惡世界既沒有回心轉意，將洪水滅世界不能久停。
你的船既然是預備妥當，要上船也不過等到天明。
只許就你的人一家八口，切莫要救別人憐惜親朋。
你吃的你用的多多盛上，想要叫禽獸來再吹號筒。
把這些人合物按排妥當，等七天再下雨叫民醒醒。
把此話交代清不能久站，我還得架雲頭回在天宮。[135]

由此來看，《洪水滅世》中的天神幾乎取代了《聖經》中天主指導諾厄造船的「啟示」意義。或者可謂，《聖經》中天主賦予諾厄的「啟示」被具象化了，「大天神尊主命離了天宮，代天主罰普世那些百姓。」[136]天神的登台與所為即代表天主對於諾厄的指令。在《厄斯德爾》中，作者甚至直接安排「天主」做為角色一員登場：

天主唱：天上真主往下觀，觀見下方不平安。
奸臣亞蠻大惡黨，自造聖旨天下傳。

要把好人抄個淨，好人個個來訴冤。
馬爾道克忍不住，大聲哭的淚不乾。
厄斯德爾大祈禱，祈禱不住哭連天。
叫聲天神你快去，趁著機會把案番。
天神領旨叩頭去了。[137]

「天主」在《聖經》中最至高的所在，並且《聖經》中從未具象化「天主」的模樣，《厄斯德爾》中有意打破信徒對於「天主」的「未知」，卻又僅賦予登場的「天主」一小段唱詞，且這段唱詞除了帶出之後新增的天神角色之外，對於劇情推動效果相當有限。「天主」此一《聖經》中最核心的存在，在劇中卻反而成為過場的角色。這樣的改動或許也助於觀眾了解故事的發展，卻也大幅削減了聖

135／費金標：《洪水滅世劇本》，頁291。
136／費金標：《洪水滅世劇本》，頁291。
137／費金標：《厄斯德爾劇本》，頁197。

經劇的宗教性。

就戲曲文類所見，這類增加「天主」、「天神」的安排，多發生於梆子而少見於鼓詞，這與兩種文類的表演方式有關。鼓詞為敘述者即第三者講唱的敘述體，通篇故事均以第三人稱的方式講述故事的發展，段落結尾處也常見「要再聽下回等明天」[138]之類似說書人欲知後事且聽下回分曉的手法。這樣的現象在《洪水滅世》中尤其清晰，鼓詞版中僅敘述而無對話，因此也無需新增天神角色；然而梆子以演劇方式呈現，情節的推動仰賴演員對話推進，且傳統戲曲並無旁白一角，因此天主的啟示無法以新增一個角色呈現。然而僅是對了推動情節而新增角色，則容易造成《聖經》中重要的啟示，在如《厄斯德爾》之傳統戲曲表演中淪為交代劇情的存在。

五、結語

早期中國天主教徒本以都市為多，聖經劇的演出也常以都市中的教會學校為常見，民初兗州天主堂的聖經劇則恰巧反映了別於都市，貼近山東民俗的聖經演劇風貌。從兗州天主堂的改編《聖經》為傳統戲曲的多樣性，可見民國時期天主教嘗試對山東市井民眾與上海都會居民等不同群體傳教的努力。在這樣的過程中，源於異國的聖經故事逐漸本土化，這樣的改編手法雖貼近山東本地，卻不見得適合被定義為「國際都市」的上海。聖經劇的編演以傳教為目標，這本為貼近民眾的有效辦法，然而為了演出完整所需，角色的更動也可能在無形中弱化《聖經》中「啟示」的要義。

138／費金標：《洪水滅世》，《公教白畫報》第2卷第18期，1914年，頁288。

基督教福音宣教會與預言在韓國

——蔡至哲・政大華人宗教研究中心客座助理研究員
臺灣師範大學東亞系博士後研究員

上個世紀不少學者關注新興宗教如何處理面對所謂「當預言失敗」的困境。Leon Festinger（一九一九—一九八九）等人在一九五〇年代展開研究。[139] 以當代東亞小眾宗教而言，基督教福音宣教會（又稱攝理教會，本文以下簡稱 CGM）的案例特別值得觀察。CGM 自一九七八年於南韓創立以來，雖然一方面迅速興起，甚至也發展成世界性的組織，尤其在南韓、臺灣、日本都在大學校園一度擁有諸多青年信徒；但也一直伴隨諸多爭議，特別其創教者鄭明析於一九九九年以來就遭受性侵女信徒的污名與攻擊，二〇〇九年也實際上因為所謂「洗腦女信徒」而進行「權勢性侵」，遭到南韓法院判刑入獄十年（雖然 CGM 信徒多視此為一種宗教性冤獄）。尤其震撼的是，在鄭明析終於結束十年牢獄生活，於二〇一八年出獄重新帶領教會，卻又在短短五年不到的時間內，性侵女信徒的爭議又起，尤其此次案件又經由網飛（Netflix）拍成所謂「紀錄片」《以神之名》的宣傳，致

---

139 Leon Festinger, When Prophecy Fails (Minneapolis: University of Minnesota Press, 1956), p.3.

使鄭明析本人及教會成員受到的攻擊比過往更激烈、沉痛。不僅鄭明析本人在影片向全世界播出後，案情偵辦開始急速逆轉，輿論及法院都對鄭明析極度不友善，在二〇二三年進行過一審後，甚至遭到二十三年有期徒刑的重刑宣判（時至二〇二四年五月中，鄭明析的案件正在進行二審），各國教會成員也同樣受到各種激烈的媒體、網路獵巫攻擊。[140] 而發生此事件的時間點，正是 CGM 信徒原本解讀聖經預言，判斷將會實現某種巨大祝福的二〇二三年，可以想見鄭明析第二次受到性侵污名攻擊的事件，對 CGM 整體信徒所帶來的巨大震撼與痛苦。因此我們可以說，CGM 是一個非常適合觀察所謂「當預言失敗」的當代東亞小眾宗教團體。

Massimo Introvigne 引用了 Leon Festinger 的研究成果觀察 CGM。Massimo Introvigne 指出，對反對者來說，也許預言看似是「失敗」的。但對信徒來說，預言並未落空。[141] 以上學者討論新興宗教面臨所謂「當預言失敗」的處境，我們不妨也看成是一種宗教團體的「危機處理」。這些危機也不見得不是所謂的轉機。[142]

對已故的德國結構詮釋學大師 Ulrich Oevermann（一九四〇—二〇二一）而言，卡里斯瑪（charisma）就代表著一個危機克服的結構法則的過程。[143] 不斷克服

140／有關 CGM 創教人及其信徒在 2023 年受到網飛節目影響所受到的巨大迫害和攻擊的狀況，詳見 Massimo Introvigne，〈Netflix 已經嚴重威脅宗教自由?〉（06/16/2023），載於網站：https://reurl.cc/LW6lLx。或見 Massimo Introvigne, Providence vs. Netflix: A Conversation with Three Taiwanese Academics（11/15/2023），載於網站：https://reurl.cc/XGmRbD。

141／Massimo Introvigne, Providence Church and the Festinger Syndrome, The Journal of CESNUR, Volume 6, Issue 1, (2022.1-2), pp 4-6.

142／民主政治的諸多官方與民間團體也同樣面臨許多的挑戰和危機，有時候危機也是改革的契機。蘇彥圖指出，在比較民主史上，許多民主改革（特別是全面性的憲政改革）是由危機所驅動的（crisis-driven）。危機（或者重大的政治醜聞）的出現，通常意謂著既有的制度已經衰敗，或者在運作上發生了重大困難，從而等於具現了制度改革的客觀需求。危機的出現也大幅提高了制度問題的能見度，進而得以觸發制度改革的主觀需求，也就是要求、支持改革的民意呼聲。危機還會提高改革所需資源、能量的供給。其實這些內容對宗教團體而言也類似，危機也帶來改革的契機。蘇彥圖，〈民主改革的政治：困難與策略〉，《政治與社會哲學評論》60 期，（2017 年 3 月），頁 134。甚至也不僅僅是人類，從整個生態與文明的關係看來也是如此。正如蔡晏霖指出，隨著千禧年以來越為顯明的氣候變遷與許多複合型災難的發生，人類世的概念也與西方環境論述中一個生態失衡、資源枯竭、危機四伏的地球的「星球危機」（planetary crisis）想像結合，迅速從學界討論成為科普出版的熱門話語。詳見蔡晏霖，〈金寶螺胡撇仔：一個多物種實驗影像民族誌〉，《中外文學》49 卷 1 期，（2020 年 3 月），頁 77。在各種異質能動者的相遇中，生存並不是風花雪月，而是持續的危機處理和共同演化。詳見張君玫，〈人類世的多樣性政治〉，《中外文學》49 卷 1 期，（2020 年 3 月），頁 9。

143／黃聖哲，〈危機與宗教性：論 Oevermann 的宗教社會學〉，《臺灣社會學刊》第 59 期（2016 年 6 月），頁 203。

危機的信仰確證過程就帶出了宗教性。

在各大宗教的敘事中，也常見初代信仰祖先克服危機的歷史經驗被用於作為信徒「反事實思考」（counterfactual mode of thinking）[144]的可能。信徒會持續運用這些過往的「神聖經驗」去超克後代面臨的各種困難。以猶太／基督宗教的思想傳統而言，德國學者揚・阿斯曼（Jan Assmann）認為，在《聖經》所重構的畫面中，宗教史以回憶所面臨的危機形式展現，在一定程度上獲得成功。[145]猶太人在一個高度複雜的記憶術的基礎上建立起了黏結記憶，這一記憶全部具有反事實性質。[146]

在以上研究的基礎上，本文欲聚焦觀察 CGM 之教義與信仰實踐。作為一個新興宗教團體，當創教者鄭明析連續遭到性侵指控而入獄，對其信徒而言是否算是所謂「當預言失敗」？是否鄭明析及 CGM 也有他們特殊的神聖敘事，得以作為一種反事實思考，讓他們超克接踵而來的各樣危機呢？

一、CGM對韓國基督信仰傳統的繼受：實學傳統、基督教民族主義

CGM創教者鄭明析之信仰源起於南韓。[147]因此如果要理解鄭明析的神學，同時也需理解基督信仰在近代朝鮮半島發展的特色。亦即鄭明析的神學詮釋並非憑空而來，而是既有其連續性又有自己的創造性轉化。

144／黃俊傑，《儒家思想與中國歷史思維》（臺北：臺大出版中心，2014），頁89。

145／〔德〕揚・阿斯曼，《文化記憶：早期高級文化中的文字、回憶和政治身份》，（北京：北京大學出版社，2015），頁245。

146／〔德〕揚・阿斯曼，《宗教與文化記憶》，（北京：商務印書館，2018），頁20。

147／有關鄭明析思想的背景與CGM教會的簡史，詳見Massimo Introvigne與蔡至哲合著，《宗教自由與東亞新興教會：以基督教福音宣教會為中心（下冊）》，（臺北：萬卷樓，2022），頁109-132。

韓國學者的英文研究中指出，韓國傳統文化和靈性追求也深刻影響了新教傳教士的傳教成果。外國傳教士和韓國宗教領導者宣稱傳統文化與基督信仰之間的關係，**類似於一種基督信仰應驗猶太教預言的關聯，並不忽視彼此的連續性**，更強調傳統文化和基督信仰之間的共存。儒家文化和基督信仰是相互依存關係而不是零合式的取代對手，基督信仰將使得傳統儒家之樹重新繁盛而碩果累累，再現春光燦爛。[148] 所以儒家的思想傳統，也可能持續影響著韓國基督徒。

在被殖民的困境歷史處境中詮釋基督信仰預言的關鍵人物就是吉善宙（길선주，一八六九—一九三五）。吉善宙等人將聖經詮釋和民族命運發展結合，也帶動了日後韓國基督信仰的各類復興運動。[149] 吉善宙的預言詮釋對日後韓國新教教會以及大部分的新興宗教都帶來重大啟發。[150] 對鄭明析而言也不例外。

二、CGM的預言觀念分析

本文接下來將分析鄭明析神學的幾個特色，探討何以對 CGM 信徒而言，即使教會遇到強烈的攻擊，依然並不存在所謂「當預言失敗」的處境。甚至從危機處理的角度而言，CGM 神學的某些特質，其實是對危機的發生提出了不少的預告與準備。

（1）重實踐特質的神學

鄭明析因為出身背景並非受過太多現代西方式的教育，因此他的神學思想完全奠基於韓國本土，帶有非常深厚的南韓中部鄉村風格。鄭明析極力強調 CGM

148／K. Kale Yu, Understanding Korean Christianity: Grassroot Perspectives on Causes, Culture, and Responses (Walmer: Port Elizabeth, 2019), 19-20.

149／Pak, Jacqueline. "6. Cradle of the Convenant: Ahn Changho and the Christian Roots of the Korean Constitution" In Christianity in Korea edited by Robert E. Buswell and Timothy S. Lee, 116-148. Honolulu: University of Hawaii Press, 2007.

150／Kim, Chong Bum. "7. Preaching the Apocalypse in Colonial Korea: The Protestant Millennialism of Kil S n-ju". Christianity in Korea, edited by Robert E. Buswell and Timothy S. Lee, Honolulu: University of Hawaii Press, 2007, pp. 149-166.

的神學教育是所謂的「實踐神學」[151]。由外，鄭明析對「預言」的詮釋，通常不是在「未來」，重點是在「當下」。這種詮釋模式讓CGM的信仰思考大多都是對當下生活的感謝與反省、檢討等等，而少有空想式的未來事件預測。

（2）對預言特定未來事件時間點的排斥

作為一個新興宗教，CGM自然對自身和傳統教會或其他新興宗教的聖經詮釋做出一定程度的區隔，這當中的重要差異之一，就是末日觀詮釋，以及對其他部分宗教團體曾經「預言失敗」的反省。鄭明析接受二十世紀到二十一世紀就是聖經中預言的末日，但他認為地球並不會發生最後審判而毀滅，因為聖經提到所謂的末日、火審判、空中提升、新天新地，都不能僅用字面去理解，而需要以靈性的更新變化與提昇來詮釋。

也就是說，CGM的思想起點，正好是建立在對「末世已經過了，星星沒有墜落，地球也沒有熔化」這類「預言失敗」的反省與批判上。不僅是對某部分傳統基督教會預言觀念不以為然，鄭明析更是多次直言批評了同為新興宗教團體的韓

國達米宣教會（Dami Mission，다미선교회）以一九九二年十月二十八日為末日的說法。我們可以說 CGM 的「末日」會是一種「ing 進行式」的預言觀，重點是如何實體地在當代開展「新時代」旨意，自然就沒有 Leon Festinger 所謂的「當預言失敗」。

（3）與民族命運融合的預言詮釋

如前所述，對二十世紀以降的部分韓國基督教神學家而言，信仰預言也很容易與韓民族的歷史發展相結合。正如吉善宙把基督再來的預言與韓民族的解放連結，鄭明析也同樣將南韓喻為「第二以色列民族」、「這時代的耶路撒冷」[152]。但我們可以看到鄭明析雖然繼承了二十世紀以降韓國基督教民族主義的立場去詮釋

151／鄭明析，《2017 年 01 月 15 日主日話語》。本文所引用之 CGM 思想內容，均為鄭明析於證道或與弟子會面時的談話內容，全世界的 CGM 教友都可以統一獲得相同文字或影響、聲音檔案，因此具有代表 CGM 教會官方思想的權威，以下不一一注出。

152／鄭明析，《2013 年 11 月 10 日主日話語》。

聖經，卻也不會盲目歌頌民族國家，也常以信仰為中心去批判社會的墮落與腐敗，由此我們可以看到鄭明析思想的靈活性。對鄭明析而言，所謂的「神蹟」與「預言」應驗之間，至少就有正、負「兩面」的詮釋方向，甚至也可正負參雜、更細膩地分析出多重可能。

三、CGM 思想與危機處理

如前所述，吉善宙等人將聖經脈絡和當時民族命運處境的結合之後做出了詮釋，同時也帶動了日後韓國基督信仰的各類復興運動的興起。[153] 尤其「禱告山」的遍布，有助於建立起獨具特色的山中靈修傳統。從一九九〇年代初期開始，鄭明析就認真地持續推動 CGM 宣教總部「月明洞靈修園」的諸多建設，這個地方可以說就是專屬於 CGM 教會的「禱告山」，是他們的「自然聖殿」，也帶來了 CGM 信仰論述中的不可忽略和越過的「月明洞神聖敘事」。

在月明洞敘事的「倒塌」環節中，鄭明析卻屢次承認自己也時常判斷錯誤，無法於一開始準確體會神的旨意，同樣也不斷經過了「trial and error」的「試錯」過程，甚至還直接向全體承認自己和每個教友一樣，都有可能會「預言錯誤」。他的宗教卡里斯瑪反而更是在「屢敗屢戰」的生命逆境中，去實踐人的責任，最終才稍微尋找到「神聖」。

153\ Pak, Jacqueline. "6. Cradle of the Convenant: Ahn Changho and the Christian Roots of the Korean Constitution" In Christianity in Korea edited by Robert E. Buswell and Timothy S. Lee, 116-148. Honolulu: University of Hawaii Press, 2007.

四、結語

本文在 Leon Festinger、Massimo Introvigne 對新興宗教如何能克服「當預言失敗」的研究成果上，聚焦觀察 CGM 創教者鄭明析的思想及 CGM 的教理詮釋，是否有助於 CGM 的教友面對所謂「當預言失敗」的處境。如同 Massimo Introvigne 所言，對於 CGM 的信徒來說，預言本來就並未失敗。鄭明析思想中的實學傳統：強調實踐、重體驗，使 CGM 帶有當下「過程」比「未來」更為重要的時間觀；鄭明析的預言詮釋又多是將當下「已經」發生的事件與經典互為映證，這些思想特色都讓 CGM 整體對於空想式的未來事件預測並不感興趣。

此外，作為一個新興宗教，CGM 教理的重要展開點，正是在於對傳統教會有關千禧年、終末論預言的檢討，以及對韓國部分新興宗教團體「預言失敗」做出的批判。CGM 的末日詮釋就是「新時代」已來臨且正在「ing 進行式」，這使得

CGM 更不可能去接受特定時間點的未來事件「預言」。

最後，在 CGM 的神聖敘事中佔有關鍵地位的月明洞建設之「倒塌」環節，我們也看到了類似猶太民族應用《申命記》進行的反事實思考，讓身處逆境中的同胞得以互相勉勵。鄭明析及 CGM 教友也藉由不斷詮釋月明洞的倒塌敘事，將之作為一種反事實思考，超克當下及未來可能面臨的各種挑戰與危機。

正如 Massimo Introvigne 曾將 CGM 的故事對比於基督宗教的歷史而指出的結論，其實各種所謂的「失敗」情況，在基督信仰的歷史上並不是什麼新鮮事。使徒們也曾滿心期待耶穌會在耶路撒冷凱旋，並使他們在祂榮耀的國度裡成為尊貴存在。但當耶穌被逮捕、受審、處決時，門徒們也重新調整自己的信仰。最後，正如大家所知道的結果一樣，基督信仰不但沒有消失，反而成長為世界上最大的宗教。

本文於結尾也引用二〇二四年十二月十六日發表後評論人葉先秦教授的意見，宗教信仰常常不只是教導人如何成功，而是更多教導人怎樣面對困苦與所謂「失敗」。CGM 信徒面對創教人鄭明析再次受難，實際上固然也痛苦和震撼，但整體而言，CGM 各國教會確實並未崩潰離散，而是持續持守信仰而不離不棄。也許正是因為，即便作為一個所謂新興教會、小眾宗教，而不見容於主流基督教會，但 CGM 的實際發展與信仰生活，卻也無法真正偏離傳統基督信仰中，那種拒絕所謂成功神學，而更強調「苦難神學」的本來面貌。

媽祖與水上人在高流灣

——羅樂然・香港教育大學中國語言學系助理教授

一、引言

高流灣安龍清醮為西貢高流灣村每七年舉辦一次的祈福祭祀活動，主祀天后，區內的水仙爺爺、土地公財神、運財童子及與高流灣有往來的地區（如西貢、糧船灣、塔門等地）的天后，也會在醮期間邀請到醮棚鑒醮，供人參拜。筆者因獲香港特別行政區政府資助，進行了該項目的調查研究，並曾與村長與資深村民訪談，及在二〇二三年五月進行了兩整天的田野考察，[154] 協助評估是否合適增補進入香港政府的非遺清單之內。

154／不少傳媒人士與民俗愛好者都有入村進行考察，其中較詳細的報道可參考《香港商報》的介紹。〈高流灣安龍清醮保村護民〉，https://www.hkcd.com/content_app/2023-06/02/content_1402984.html，瀏覽日期：2024 年 4 月 5 日。

表面上，非遺講述的是社區裡歷史悠久的文化傳統，但實際上是一個全新的政策及學術概念，自二〇〇三年聯合國教科文組織考慮到昔日運作多年的《保護世界文化和自然遺產公約》忽略了非史蹟或文物類的文化傳統，特別是一些節慶與儀式均無法有合適的規範來進行可持續的傳承與保護，故通過了《保護非物質文化遺產公約》，並在二〇〇六年獲得確認而生效。[155]自此，各締約國便按內部需要，制訂非遺清單，並進行相關的振興與保護工作。

香港特別行政區亦自二〇〇六年起開始投入這方面的工作，分別成立了文化博物館屬下的非物質文化遺產組，[156]後來於二〇一五年升格為非物質文化辦事處，[157]又在二〇〇九年獲中華人民共和國國務院從上而下邀請香港申報四組國家級非物質文化遺產，並在二〇一四年頒佈香港內首份含四百八十種項目的非物質文化遺產清單，[158]及後在二〇一七年頒佈香港首批二十項非物質文化遺產代表作。及後，二〇一八年底香港政府撥款三億港元以推行「非遺資助計劃」，其中利用部分資源邀請專家學者，調查未被列入為香港非遺清單的各種項目。[159]以香港都會大學為例，獲資助探討蓮花地點燈、石澳太平清醮、觀音開庫等等項目，也包括高流灣的安龍清醮。[160]

在香港的人類學研究來說，高流灣村並不是一個陌生的田野點。早在中文大學人類學一九八〇年代成立時，華德英（B.E.Ward）支持和蔡志祥的建議下，創行了高流灣研究計劃，[161]是讓一群人類學同學，進行長期田野調查實習的計劃。不幸的

155／關於世界層面對民俗活動的保護昇華至創立非遺公約的過程，可參考 Smith 的討論。詳參 Laurajane Smith, Uses of Heritage, (London: Routledge, 2006), 106-113.

156／關於在港的非遺工作發展，詳參鄒興華：〈保護非物質文化遺產——香港經驗〉，載廖迪生主編：《非物質文化遺產與東亞地方社會》，香港：香港科技大學華南研究中心：香港文化博物館，2011 年，頁 111-137。

157／Jonathan Paquette and Devin Beauregard, "Governing Intangible Heritage: Intergovernmentalism and the Structuration of Intangible Heritage Governance in Hong Kong," Hong Kong Studies 2, no.2 (2019): 8.

158／該普查工作由香港科技大學華南研究中心負責，從 2009 年開始進行。詳參廖迪生：〈傳統、認同與資源：香港非物質文化遺產的創造〉，文潔華編：《香港嘅廣東文化》，香港：商務印書館，2014 年，頁 203。

159／〈非物質文化遺產資助計劃「伙伴合作項目」接受申請〉，https://www.info.gov.hk/gia/general/201911/08/P2019110800345.htm，瀏覽日期：2024 年 4 月 1 日。

160／〈成功申請非遺研究資助〉，https://www.hkmu.edu.hk/ETPU/openlink_web/contents/202007_chi01/node_206586.html，瀏覽日期：2024 年 4 月 1 日。

161／廖迪生：〈《通訊》二十年——田野與文獻研究的結合〉，《田野與文獻》，第 80 期，2015 年 7 月，頁 1：後來這批高流灣研究計劃的參與者，在 1991 年改組為華南研究會，相關成員成為了後來積極推動歷史人類學研究的中堅分子。

是，高流灣的資料大多流失了，[162]沒有了直觀了解一九八〇年高流灣的社會結構與相關情況。

第二次世界大戰結束後，香港成為了社會學家了解與認識中國社會的主要空間，[163]及後相關的研究轉化開出「華南學派」與「歷史人類學」等學術流派，這些以香港為基地的學者都善於利用文獻與田野的結合，嘗試觀察國家和地方社會之間交叉重疊的多重文化意義。[164]本研究嘗試擺脫單純以國家與地方之間的套路，走到底層民眾如何透過宗教來固定自己的世界與文化認同。

華德英在考察滘西洲的水上人生活時，把水上人的意識模型分成三類，第一類即當時日常生活使用的模型，或是關於社區現況的模型；第二類是意識形態模型，即成員對於傳統士人應有社會制度的構想；第三類是局內觀察者模型，即周邊群體如農民與商人等對生活安排的看法。[165]如劉永華所述一般，華德英低估了目前模型與觀察者模型之間的關係作用，當他們走向陸上生活或迎合當下的社會生活時，[166]他們不一定按著意識形態模型的理想來跟隨，而是以周邊人群為中心來適應。高流灣的安龍清醮正可見證著這種水上人參照客家人，從而影響自我社群的意識模型之中。

本文將探討高流灣的水上人如何透過操作能動的宗教儀式的內容，來把文化邊界與話語權放置在水上人身上，一方面模糊化了原居於村內的客家人，另一方面也利用了各種在醮會期間的空間或儀式的表述，來呈現自我的社會與文化空間，藉以強化自身的身分獨特性，特別是國界與邊界並沒有任何阻撓他們信仰延續性的作用。本文嘗試以安龍清醮的考察與相關敘事為例，探討底層社群如何透過參

162／蔡志祥：〈華南：一個地域、一個觀念和一個聯繫〉，華南研究會編輯委員會：《學步與超越：華南研究會論文集》，香港：文化創造出版社，2000年，頁4。

163／李仁淵：〈在田野中找歷史：三十年來的中國華南社會史研究與人類學〉，《考古人類學刊》，第88期（2018年6月），頁113。

164／程美寶、蔡志祥：〈華南研究：歷史學與人類學的實踐〉，《華南研究資料中心通訊》，第22期，2001年1月，頁2。

165／Barbara E. Ward, "Varieties of the Conscious Model: The Fishermen of South China," in The Relevance of Models for Social Anthropology, ed. Michael Banton (London: Routledge, 2004), 113-137.

166／劉永華：〈「民間」何在？——從費里德曼談到中國宗教研究的一個方法論問題〉，復旦大學文史研究院編：《「民間」何在誰之「信仰」》，北京：中華書局，2009年，頁1-25。

照周邊人士而形塑的傳統信仰習俗的論述，試圖擺脫超越社會的明文規程或社區習慣，進而確認自己在社區裡的正統性與合法性，把過往自我視為不符合道德的元素，在信仰表述過程中，慢慢消失在大眾眼前。

二、高流灣的安龍清醮

韋錦新在《延續與變革：香港社區建醮傳統的民族誌》言：「安龍是新界地區在太平清醮之外的又一項社區大型建醮活動。儀式以往多由客家儀式專家執行」，言即「安龍」是客家人建醮的稱呼。[167] 高流灣上雖然曾經也有客家人，但是以漁民佔比例最多。[168]

約二百年前開始有漁民及客家人於高流灣村聚居，[169] 原來這裡大多是客家人居住的村落，現在餘下的客家人佔的比例極少。上世紀五、六十年代因漁穫無法維持收入，便有漁民開始漸漸出國謀生。至今，高流灣村常住人口只有十多人，如有建醮事宜，則散居西貢市區或其他地方的村民會回到村內開會。從天后廟內安龍清醮捐款碑刻中，可見村民用英鎊或歐羅付款的不少，反映著當時不少村民在戰後新界經濟發展背景下，權衡原來的產業無法自給自足，便決定移居海外，在歐洲尋找新生活。[170]不過，每年安龍清醮，這些移居海外或市區的村民都會回到村內，義務打點一切，甚至大力捐款支持。

167／韋錦新：〈安龍：香港新界客家社群節日慶典與儀式流變〉，《延續與變革：香港社區建醮傳統的民族誌》，香港：中文大學出版社，2014年，頁382。

168／據中文大學博群計劃在高流灣的訪問時，一位高流灣村民陳伯伯表示：「我哋高流灣幾乎全部都係漁民，所以會養魚、食魚，真係餐餐都有魚！我哋唔似客家人，我哋唔養豬牛嘅，所以好少會食其他肉。打魚嘅時我哋仲會駛隻船去西貢菜食架。」陳穎姿等編：《打開話匣：走進沙頭角、塔門、高流灣長者的記憶》，香港：香港中文大學博群計劃，2016年，頁105。從長者的記憶也明確顯示高流灣人自居為漁民，與客家身分有所分隔。

169／據中大博群計劃的口述訪問，高流灣的漁民大多會與其他附近島嶼村落的異性結婚，如接受訪問的杜婆婆表示她本身是塔門人，陳穎姿等編：《打開話匣：走進沙頭角、塔門、高流灣長者的記憶》，頁107。

據資料所見，自二〇〇一年起高流灣村已聘用屬新界圍頭正一喃嘸的陳鈞道院承壇。和其他新界圍村或長洲打醮不同，高流灣醮期較短，各種儀式較為精簡，基本上已不是像安龍清醮，也不像完整的太平清醮，而更像洪文清醮的調整版。二〇〇一年前的承壇無資料可考，只是村長接受訪問時曾表示昔日由蠔涌謝國坤所承壇，具體時間不詳。[171]安龍清醮的建醮形式和內容與一般新界圍村的太平清醮大同小異（而不是客家式的醮會），但有加插「安龍」的環節，此亦是高流灣村民最重視的一環。據昔日報道顯示，該醮會於一九八

▲圖一　2015 年安龍清醮捐款碑刻

〇年與一九八七年均於五月初七、八日舉行。[172]而據村長的訪問指三屆以前（應指二〇〇一、二〇〇八、二〇一五）起，因農曆五月經常會有颱風關係，故向天后擲筊，獲得天后同意改為四月初七、初八舉行。

由於二〇二一年底為原訂來年打醮打杯時，村長等長老預計部分村民因應旅行限制關係無法回來參與醮會，所以部分男丁在打杯時均被村民代表以無法參與為由，被排除在外，沒有讓該位成員參加此環節。這種打杯成為緣首的可能性，

170／張少強利用了新界鳳尾鄉大樹村的考察與村民訪談為事例，觀察到戰後香港經濟轉型如何導致新界鄉村村民選擇離鄉別井，到荷蘭與英國生活的原因。詳參張少強：《管治新界：地權、父權和主權》，香港：中華書局，2016 年，頁 72-74。

171／謝國坤是另一位曾舉行參與蠔涌太平清醮的本地道長，可見雖然高流灣以安龍為名，但是實與本地的洪文清醮或太平清醮更為接近，近幾屆的記錄都顯示請的道長都以本地道長為主。詳參李麗梅、鄭萃群：〈1980 年西貢蠔涌太平清醮考察報告〉，載於蔡志祥、韋錦新編：《延續與變革：香港社區建醮傳統的民族誌》，香港：香港中文大學，2014 年，頁 151。

172／〈西貢北約高流灣有盛會 安龍清醮演劇熱鬧 民生喜獲日見改善〉，《華僑日報》，1980 年 6 月 22 日，第 3 張第 1 頁；〈高流村舉行高安龍醮 旅英鄉僑紛返團聚 共渡傳統節日歡樂〉，《華僑日報》，1980 年 6 月 22 日，第 8 張第 3 頁。（收於文獻資料 8）

受到一定程度的人為操作，來確保活動的順利完成。

「安龍」是安龍清醮最重要的儀式，以往都是以活鴨與活雞連成紅布當作龍身，村民則揮動「龍身」到村上山坡巨石進行法事，以確保村民一切安好。二〇二三年村民未有如期找到活鴨作龍頭，故在喃嘸的意見下，改以舊麒麟頭代替，並以一條約十八呎八吋的紅布連繫著活雞。由於龍不能放在地上，製作好的「龍身」，由一位負責舞龍的年輕男村民拿著龍尾（即活雞），龍頭放在神桌上，等待安龍隊伍正式出發。

是次儀式所見，參與安龍的村民為五

▲ 圖二　安龍儀式的龍身

人，且龍身仍然是以麒麟頭雞尾形式下山，和二〇一五年的情況有所出入。雖然高流灣是一條以水上人為主的漁村，但是村中上下視客家人一直重視的安龍傳統為最關鍵的儀式。這種有趣的客家存在，值得進一步探討的問題。

三、（被）模糊了的客家人

安龍清醮應該是屬於客家人獨有的習俗，但是似乎最近數十年，這個客家族群習俗的客家元素已被模糊了。根據一九八〇年六月二十二日《華僑日報》報道，高流灣安龍清醮首次出現於一九三一年。[173]建醮的初衷：「在五十多年前，因村內居民患疾病，感到人口不安，且出海遇風險，乃聚眾集議，舉行安龍清醮。」[174]這與香港其他地區舉辦太平清醮的目的，可謂如出一轍。可是，如果安龍是一個客家

◀ 圖三　陸上龍舟

▶ 圖四　出發參與安龍儀式的村民

◀ 圖五　在巨石前參與安龍儀式的村民

的傳統，這段報道所描述的打醮起源傳統似乎與客家並無關係，反而像是漁民的傳統。

此外，一九八〇年代兩則有關高流灣安龍清醮的報道，都同時反映漁民從海外匯款回港支持打醮以及社區發展。這些「僑匯」不但使高流灣社區環境得以改善，也使安龍清醮有更熱鬧的場面。從此觀之，漁民通過結合自身社群的財富，於一九八〇年代以後形成了自我的安龍清醮的解釋權與話語權，而再沒有任何有關客家的元素出現在報道及村民的記憶。換言之，安龍清醮已成為高流灣漁民自我表述的共同社區儀式。除了保留了安龍一字與適調了的安龍儀式外，基本上被視為客家人的元素已消失於這場醮會之中。根據天后廟二〇〇一年的安龍清醮捐

173／西貢北村鄉事會主席黃俊威指出：「高流灣村安龍清醮，起源於一九三一年農曆五月初八日。」〈西貢北約高流灣有盛會　安龍清醮演劇熱鬧　民生喜獲日見改善〉，《華僑日報》，1980 年 6 月 22 日，第 3 版第 1 頁。

174／〈西貢北約高流灣有盛會　安龍清醮演劇熱鬧　民生喜獲日見改善〉，《華僑日報》，1980 年 6 月 22 日，第 3 版第 1 頁。

款碑，屬於本來原居於高流灣的客家劉姓只有兩位成員捐款，到二〇〇八年及二〇一五年則只有一位劉姓成員捐款。由於劉姓也不一定代表是當地客家家族，故進一步說明客家已消失在高流灣安龍清醮的社區中。

現有文獻材料，甚或口述資料均沒有顯示到客家村民的參與程度，也無任何資料得知客家安龍清醮如何演變為今天以正一喃嘸太平清醮形式。從外在環境角度看，客家喃嘸在一九九〇年代幾乎在社區消失，村落只可轉移選擇正一喃嘸。然而，如村長訪問所言，過去幾次的喃嘸經常有更替也好，像韋錦新考察得知的郭道院及陳村長記憶中的謝國坤，所承醮的師父均是正一喃嘸。因此，客家的參與可能只限於未有文獻記載的最早幾屆，而隨著漁民在僑匯中得到了媒體的捕捉，加上漁民出錢主導了天后廟的重修與醮會的計劃，基本上可以看得到高流灣漁民不是從上岸如何慢慢融入客家人的安龍清醮，而是利用與仿傚客家人的儀式標準後，再重新透過安龍清醮模鑄出自身的社區話語與自我認同。

當天，筆者留意到有一位劉姓村民被記錄在人緣榜後，便趁機請教村長有關客家人在村的角色與身分等問題。可是，村長表示這名劉姓村民並不是客家人，而只是烏蛟騰搬過來定居的，並不是本地的客家社群，村長很快便把這個話題帶走並無詳說細節，更藉此可進一步確定漁民並不認為曾居於村內的客家對儀式有重要性。

安龍清醮大部分儀式都已經「本地化」，但同時間在世俗活動裡也增添了一些「漁民元素」。從請神開始後，村內便會有數十位婦女組成「陸上龍舟」緊隨喃嘸、緣首及工作人員等在團隊後方護駕。「陸上龍舟」在近數屆才開始出現，在二〇一五年的當屆自籌三隊參與安龍活動。他們都是高流村的女村民，大部分都是已搬出，在打醮的兩天特意回來，希望為醮會助慶。陸上扒龍船原是福佬人娶嫁時的傳統習俗。由於划船在漁民生活中，是象徵著婚嫁，也是一種象徵吉祥的習俗。雖然安龍清醮並非涉及家庭之間的紅事，但是划船被轉化成為一種助慶儀式，增加安龍清醮的氣氛。根據一九八〇年代的報道，昔日是沒有陸上龍舟的，也是近年才容許女性增設有關助慶儀式。另一方面，也是藉著這種海洋與水文相關的助慶活動投入在安龍清醮儀式中，使整套宗教傳式增加了漁民的色彩，進一步把安龍清醮「據為己有」。

安龍清醮進一步漁民化，可從醮幡的擺放位置看到出來。一般來說幡竿象徵著村落社區的範圍，代表神明負責處理的空間，緣首與喃嘸都要定時到這些幡竿前進行行朝。高流灣村的四支幡竿，除了在山邊的一支竿外，其餘三支都豎立在三個高流灣的不同碼頭。這種考慮顯然是把高流灣村視作為一條漁民村，而多於是一個務農的客家村落。其實高流灣村旁有一條蛋家灣村，在十九世紀和神父的《新安縣全圖》中，便曾顯示過這個曾建設聖堂的地方，反而該圖卻不見高流灣村。但是，當高流灣村舉行安龍清醮時，這個蛋家灣即使在高流灣村旁邊，也被排除在幡竿的範圍之外，也代表著高流灣村並不希望與蛋家身分連上關係。

蔡志祥在〈模作他者〉一文中，利用吉澳漁民漫長投入在安龍清醮的過程為案例，指出參與和學習他者是建立自身的族群身分的關鍵，[175]而他認為在於「一方面要成為附近的多數的與主流的一部分；同時要與身邊的少數劃清界線。」[176]這當然就是華德英未有進一步論述的局內觀察者模型。可是，同樣也是籌劃安龍清醮的高流灣漁民，不只是參與與模仿岸上人的生活方式，甚至是刻意在空間、金錢投入及儀式安排等方面強化了漁民的特色，取代了客家傳統，把高流灣村形塑為一條漁民村。

四、(被)模糊了的場域

這種模糊了的身分與社區場域的關係，也從田野考察期間一些細節發現所得到。筆者在二〇二三年五月考察期間，獲邀與村民一同晚餐共吃素食盆菜，期間一些自發考察的民俗愛好者和散座的村民共坐，大家分享童年往事，又為外來賓

175／蔡志祥：〈模作他者：以香港新界東北吉澳島的節日、儀式和族群為中心〉，《歷史人類學學刊》，第 9 卷第 2 期（2011 年 10 月），頁 76。

177／蔡志祥：〈模作他者：以香港新界東北吉澳島的節日、儀式和族群為中心〉，頁 82。

客分享醮會熱鬧之處。期間一位民俗愛好者似乎是無意地，向一位在一九六〇年代高流灣村出生及長大的漁民婦女提問：「您們那時候住在船上嗎？」這位女士立刻從一個本是十分和諧的談論氣氛，變得頗為生氣，使場面十分緊張。在其言語之間，筆者留意到她非常介意別人以為他們沒有住在村裡，而是住在水裡。印象中，那位村民表示：「我們有很大的屋，我們有自己的村，怎麼可能住在船上？不信的話待回帶你去看！」那位民俗愛好者似乎沒有注意到村民的追求價值。從這個與醮會無直接關係的事例，留意到水上人一直在

▲ 圖六　2023 年醮會中的鄰近社區神明的紙飛神位

海上工作，該村民也在閒談表示小時協助捕魚，或負責協助處理漁穫，可是他們心中卻把視為長久以來依賴生活的海域視為不能見光的生活空間，而認為住屋裡或村子裡，才能夠代表著村的聲望及村民的社會地位。華德英在一九六〇年代的文章提到全廣東有二至三百萬名水上人，而香港約有十五萬名左右，其中十萬名居住在船上。不過她在同一篇文章也提到船戶已開始在當時考慮安置老人家或適齡學童到岸上定居，[177] 這一點獲蔡志祥的文章呼應，指出漁民在一九五〇年代才上岸。[178] 當時雖然並不肯定其他水上人是否有共同的見解，可是顯然地水上人嘗試在這場村內的大型宗教盛事中模糊化自己本來與海洋共生的情況。

一般的太平清醮，均會邀請附近社區的神明來參與醮會，在高流灣亦不例外。由於高流灣村交通不便，一般請神儀式不能直接真的從不同的區域內邀請神明鑒醮，於是他們會採取紙飛的方式，把附近的天后神位以文字形式帶領他們進行神

177／ Barbara E. Ward, "Varieties of the Conscious Model: The Fishermen of South China," 120.
178／ 蔡志祥：〈模樣他者：以香港新界東北吉澳島的節日、儀式和族群為中心〉，頁 74。

壇內。以二〇二三年補辦二〇二二年安龍清醮為例，南澳、鹽田、大青針等深圳東部及惠東所屬漁村社區的「天后」都被邀請進入神壇，昔日的漁村社區網絡並沒有真實的邊界，而是一個不斷流動而可以隨意擴散的海上社區網絡。以大青針為例，該島又稱為針頭岩或大星簪岩，是一個無居民島，由惠州市惠東縣所管轄，早在鄭和航海圖裡也曾紀錄過，該地直線距離高流灣超過八十公里。其實鹽田、南澳等非香港範圍內的漁民社區，與高流灣有一定的交流是還可以想像的，但是大青針的距離甚遠，基本上是難以

▲ 圖七　高流灣與大青針所在地（地圖來自 OpenStreetMap）

想像到的。筆者曾與村長及資深村民請教過，得悉漁民昔日會前往大青針一帶捕魚，並曾在該島上設置一個小型的神壇供奉天后。[179]

高流灣安龍清醮中邀請遠方漁村神明參與的做法，突出了漁民社區之間跨界的網絡連繫。這反映了高流灣漁民試圖通過擴展祭祀範圍，來增強自身作為「漁民社區」的認同和地位。相較於一般太平清醮或客家安龍清醮局限於本地區域性的神明祭祀，高流灣的做法體現了漁民群體試圖超越地域邊界，塑造一個流動且無明確疆界的海上社區意識。這種作為「漁民社區」的自我定位，與前文討論的漁民如何通過「漁民化」安龍清醮儀式來確立自身地位，形成了互相呼應的文化實踐。透過對神明祭祀網絡的跨界擴展，以及對本地儀式的重塑，高流灣漁民群體有效地建構和強化了其作為獨特社區主體的文化認同。這反映了他們在面對客家人等「外部」群體時，如何運用文化手段來捍衛和重塑自身的邊界與話語權。

179／羅樂然：《再現嶺南：香港非物質文化遺產的地域文化》，（香港：三聯書店，2024年），頁48-50。

由此可見，此處探討的「被模糊了的場域」反映了高流灣漁民群體如何通過對宗教儀式空間，來強化自身作為「漁民社區」的認同。村民嘗試刻意模糊了自己過去作為水上人依賴海洋生活的形象，而強調定居於村落之中，反映著他們想在其想像中的社會秩序中，視居岸上較居在船上為之理想，把自己期許在社會地位較佳的位置；另一方面，他們積極擴展跨境的神明祭祀網絡，試圖塑造一個流動且無明確疆界的海上社區意識。這些文化實踐共同指向了漁民群體試圖重構自身的社區主體性，並在面對其他群體時，通過對場域的模糊化處理，高流灣漁民成功地確立了他們作為主導群體的地位。

五、小結

從劉永華對華德英觀點的再評析裡，為我們對宗教儀式提供了的新線索，特別是他提到了過往學者對民間的能動性的意義並不過份強調。本文探討了高流灣安龍清醮的演變過程，展示了水上人群體如何主動地重塑這個原本屬於客家人的傳統儀式，將之轉化為強化自我社區身分的重要媒介。從儀式內容的調整、空間安排的變遷，到跨境漁業社區網絡的引入，均反映了水上人群體的能動性和創造性。

這與華德英在研究滘西洲水上人時提出的三種意識模型有所聯繫。原本高流灣的安龍清醮或許曾反映了客家人的意識形態模型，但隨著時間演變，水上人群體逐步以自身的日常生活使用模型和局內觀察者模型，取代了客家人的理想式模型，成功地把儀式「漁民化」，模糊了原有的客家文化元素。通過對宗教儀式的能動性重塑，水上人群體鞏固了自己作為高流灣主體群體的地位。

本研究說明了底層社群與小眾群體在面對主流宗教信仰文化時的創造性和能動性，為理解香港這樣一個多元信仰的社會提供了新的視角。水上人群體的行動同時展示了民間能動性的重要性，超越了單純的國家／地方的二元對立，確認了底層社群可以在宗教場域裡，運用自主性來建構和重構自身的文化邊界。

伊斯蘭與千依百順妻子俱樂部在馬來西亞

——李威瀚博士・中研院人文社會科學研究中心
亞太區域研究專題中心

一、前言

二〇一一年，馬來西亞社會出現了一個名為「千依百順妻子俱樂部」（Kelab Taat Suami）的穆斯林女性組織。這個組織的穆斯林女性成員中有超過50％來自高階知識分子，並且在世界各地設有分部，包括中東、英國、澳洲、印尼和新加坡。組織的領導者是卡蒂嘉（Khadijah Aam），她的丈夫阿沙哈里（Ashaari Muhammad）是馬來西亞前伊斯蘭組織澳爾根（Al-Arqam）的創辦人[180]。

回顧歷史，澳爾根於一九七〇年代在馬來西亞成立，其理念呼應七〇年代全球伊斯蘭復興運動的主張，強調馬來西亞必需在政治、經濟和社會發展中以「伊斯蘭價值」作為基礎進行改革。當時，組織的理念於各社會馬來階層中獲得強烈

180／可參：Obedient Wives Club to offer sex lessons | The Starhttps://www.malaysiakini.com/news/166045

的共鳴與支持，但也引起了政府的高度關注，視澳爾根為社會秩序的潛在威脅。最終，政府以「異端邪教」（Aliran sesat）之名全面打壓與禁止澳爾根的活動[181]。

事隔幾個十年後，前澳爾根的成員於二〇一一年成立「千依百順妻子俱樂部」，再度引起了馬來西亞政府和社會的關注與爭議。俱樂部的成員指出，儘管馬來西亞作為一個獨立國家在經濟上取得了顯著的成就，但在社會道德發展方面卻引發了人們的擔憂。在穆斯林社群中，夫婦離婚、丈夫外遇、單身女性未婚先孕、以及棄嬰等問題逐漸嚴重。這些組織成員認為問題的核心在於馬來西亞政府盲目地採納西方發展價值觀，而希望通過「千依百順妻子俱樂部」的成立，從穆斯林女性的角度出發，協助參與和解決穆斯林社會的道德困境。

「千依百順妻子俱樂部」的中心思想分別主張：穆斯林女性必須學習成為一名順從丈夫的好妻子，丈夫為了教導妻子有權利使用武力對待妻子；妻子應該支持與實踐伊斯蘭一夫多妻制的婚姻關係；作為丈夫的親密伴侶，妻子必須無時無刻滿足丈夫的性需求。

然而，當這套中心思想被提出後，隨即引來許多政治菁英的批判，指責「千依百順妻子俱樂部」違背了性別平等、兩性平權的世俗價值觀，以及有物化與性化女性之嫌。換言之，他們認為組織成員的言論與立場均是內化宗教父權意識型態的結果，如果不加以控管，勢必對社會帶來嚴重的負面影響。

觀察以上現象，俱樂部菁英和政策菁英所呈現的對立立場，凸顯了「國家、伊斯蘭、現代性、性別」之間的複雜交錯關係。此現象本身也引發了一系列值得深思的問題：宗教是否是造成女性壓迫的絕對根源？女性如何在伊斯蘭的性別規範中實踐自己？「頭巾」、「一夫多妻」和「女性家庭角色」等規範是否僅僅能夠被放置於「壓迫」的框架中解釋？換言之，在「千依百順妻子俱樂部」的現象中，這些俱樂部女性菁英們是否就一定正如政治菁英所批評般，是一群「內化宗教父權的受壓迫者」？

如果參照過去的文獻，學界向來主張以多元的觀點來理解「女性與宗教」的

181／澳爾根相關發展歷史請參照：澳爾根宣揚異端教義，進軍各行業資產達 3 億－|2011-08-28－《光明日報》(guangming.com.my)

關係，對於穆斯林女性的「宗教認同」、「虔敬行為與反應」之分析，更不存在著唯一的「壓迫」觀點與看法。其中，人類學家 Mahmood（二〇〇五）的研究就指出，「宗教、性別主體、能動性建構」之間其實存在著正面的關聯性。首先，她批判西方對於「主體能動性」的概念化模式，限制了「能動性」僅是對「習俗」、「傳統／宗教」、「超越意志」或「外在困境力量」等的一種「抵抗」能力。

相反地，她認為個人對宗教信仰的深化與實踐，像是穆斯林女性從了解頭巾的核心意義開始，再培養出佩戴、接受與適應頭巾的轉變過程中，均是女性透過柔順的身體，展現宗教理解、反省，以及參與行動的一系列「能動性」結果。換言之，Mahmood 認為穆斯林女性在順應與參與宗教實踐下將發展出屬於「虔誠的能動性」。雖然 Mahmood 的論點帶有一定的侷限性，引起了部分學者批判她（再）本質化「穆斯林女性」與「非穆斯林女性」的複雜心境與處境[182]，然而她的研究依然具有相當的學術價值。

首先，她批判了西方對於「自由」、「解放」與「進步」價值的固著定義與理解。對於穆斯林女性而言，「自由」不意味著摒棄「宗教傳統」的象徵性行為，而是指她們能夠自主地理解、接受並實踐自己的宗教信仰。其次，宗教實踐與個人能動性之間並非存在著絕對的對立關係。相反地，個人有意識地通過參與宗教實踐獲得自我意義和身分，均是施展能動性、形塑主體性的重要體現。

延續這類理論的觀點，學界上亦有許多相關的經驗性研究，著重以分析宗教實踐於不同歷史時空背景下的重要作用與功能，同時凸顯女性透過這些宗教實踐構建能動主體性的過程。舉例而言，在「穆斯林女性與頭巾／罩袍」的議題上，一些研究指出穆斯林女性集體穿上黑色罩袍的行為，其實是一種有意識的改革參與行動，希望藉由一致性的宗教穿著方式主張，來消除穆斯林社區內部因社會階級地位而產生的外在服飾分化現象（Zenie-Ziegler 一九八八；Zuhur 一九九二）。

其次，在一些地區，有穆斯林女性認為戴頭巾不僅是她們捍衛個人宗教和文化認同表達的方式，同時也是她們構建穆斯林想像共同體的重要手段（Read

---

182／更多對 Mahmood 的觀點批判請參見（Smith，2008。）

and Bartkowski 二〇〇〇）。再來，部分研究也說明了頭巾如何作為穆斯林女性的重要自我保護機制，被她們利用來避開與對抗男性的凝視（Billaud 二〇〇九；Mule and barthel 一九九二）。而在法國，穆斯林女性佩戴頭巾的目的更是與捍衛宗教自由價值進行連結，作為回應並抗議國家世俗政策反對穆斯林人士擁有宗教實踐權的方式（Ho 二〇〇六；Killian 二〇〇三）。

在美國，九一一恐怖襲擊事件發生後，許多穆斯林女性自發性佩戴起頭巾的行為，則是希望向社會展示穆斯林所蘊含的中庸、和平和包容形象，以此來破除社會對穆斯林群體的恐懼和污名（Ahmed 二〇一一）。綜上所述，這些研究均挑戰了過去對穆斯林女性的固有刻板印象，強調穆斯林女性如何透過宗教實踐來參與社會改革並建構宗教主體性。

本研究深受上述理論取向所啟發，認為「千依百順妻子俱樂部」女性菁英主張與遵從伊斯蘭性別規範的宗教行為，不必然是盲從、缺乏理性自覺，或是被宗教父權所宰制的結果。要理解這些俱樂部女性菁英參與宗教實踐的複雜性，本研究認為必須回到她們的聲音以及其所處之生命脈絡進行深入探討。因此，本研究選擇了十一位俱樂部女性菁英作為研究對象，進行了深度訪談，同時在社區組織中進行了第一手的參與觀察。研究的結果顯示，「千依百順妻子俱樂部」的成立背景與馬來西亞八十年代的伊斯蘭復興運動息息相關。這些女性菁英在過去都經歷了馬來西亞伊斯蘭復興運動的鼎盛時期，而今所推崇的「伊斯蘭生活之道」，實際上是對宗教運動的自覺回應和行動反映。同時，在參與宗教實踐重建社會道德秩序的過程中，她們既展現了高度的「虔誠能動性」，也為自己建構了「穆斯林好女性」的主體性。以下，將透過俱樂部女性菁英的生命敘事進行分析與闡釋。

二、生命敘事分析

在馬來西亞的憲法上，馬來族的種族身分和伊斯蘭宗教身分是相連結的。

一名馬來人在出生時便被規定信奉伊斯蘭教。一如本研究中的俱樂部女性菁英受訪者，她們從小就是馬來穆斯林。然而，這些受訪者都坦承，早年的她們對於本身的特殊雙重身分是缺乏意識與認知的，這樣的情況一直到了一九八〇年代才開始有了具體的轉變。那時候的馬來西亞社會正掀起了一股伊斯蘭復興運動浪潮——「Dakwah」，許多馬來穆斯林信徒由於受到這一波「Dakwah」運動的召喚，開始對本身的穆斯林身分和生活方式進行了有意識的反省與檢視（Hussein 一九八八；Muzaffar 一九八七；Nagata 一九八四）。本研究的俱樂部女性菁英受訪者們，正是在此脈絡下開展了「馬來穆斯林身分」的自我重構過程，尋求解答：「『我是誰』和『想要什麼』的覺醒進程」（Fromm，一九四二：一二二）。

有別於機械式、被動式地接受父母灌輸的「植入式」宗教知識，這些受訪者分享了自己在覺醒過程中都經歷過的「自我探索與行動」經驗。為了可以更了解何謂「伊斯蘭生活之道」，受訪者們早期皆選擇親自參加了在「Dakwah」期間興起的伊斯蘭宗教組織，像是 ABIM、PAS、Jama'at Tabligh 和 Al-Arqam。在參與的過程中，她們除了藉由親身的體驗去認識與比較這些組織的宗教立場與意識形態，還同時對組織所提倡的宗教知識觀進行了深入的批判性了解。由於其他組織只著重於宣揚伊斯蘭政治，或者過度主張宗教靈性修養，意識形態跟世俗社會完全切割，受訪者因此認為澳爾根組織的宗教理念，即：遵從伊斯蘭美德並將之與日常生活連結更符合伊斯蘭精神與教義，所以最終就決定加入了澳爾根組織。如果從 Freire（二〇〇二）的理論觀之，這些受訪者從認識、選擇、到決定加入宗教組織的行為，反映的正是：「主體反思而命名世界的行動實踐」。

然而，正如前言所述，政府對澳爾根組織的強力打壓，讓許多當時是大學生的受訪者在參與澳爾根的過程中都面對了一定的風險與挑戰。她們除了被標籤為「異端邪教」的追隨者，在學校期間還經常受到大學管理層的監控，甚至被警方扣留至派出所進行拷問。部分的受訪者同時還得遭受家人的質疑，指責她們戴上頭巾和實踐一夫多妻婚姻制的決定是一種宗教偏激與狂熱的表現。但是，當進一步追問受訪者們在面對巨大阻力時為何不曾放棄參與宗教運動，這些受訪者都不異而同地分享了本身曾經驗過的伊斯蘭「召喚」故事，並且說明了伊斯蘭在她們精神上與日常上如何提供了重要的支柱能量。

具體而言，受訪者所指涉的「支柱能量」即是企圖說明宗教力量如何賦予了她們解決「本體論危機」的能力。Giddens（一九九一）指出，現代人在日常生活中時常感到焦慮和迷失方向，心中充滿了「內在無依」（Inner homelessn）的感覺。又如Alain（二〇〇五）所言，「對物質生活的強調已改變了現代人的心智視野。儘管擁有豐富的物質財富，但他們的靈魂卻是空虛的」。許多受訪者都坦言自己早期的國外留學或工作經驗都承受了同樣的迷惘感、孤單感與空虛感。直到接觸了澳爾根組織的伊斯蘭教義後才讓她們對人生有了不一樣的體悟。透過對伊斯蘭美德的虔誠追求，這些受訪者說明自己獲得了一股信念的源泉，心中常感到「有目的與方向、內在穩定和一致，並且對自己、世界和未來有了積極的看法」（Giddens 一九九一）。基於這樣的原因，許多受訪者在經過幾年的深入理解與參與澳爾根組織後，都決定正視自己的穆斯林身分，最終選擇戴上頭巾並積極實踐伊斯蘭生活之道。

延續上述的敘事，將不難理解這群受訪者在事隔多年後選擇成立「千依百順妻子俱樂部」，其實是有其宗教、文化與歷史脈絡可循的。在面對現今穆斯林社會日趨嚴重的社會亂象，她們企圖再次透過伊斯蘭的力量，引領穆斯林群體共同參與社會、改造社會。即使「千依百順妻子俱樂部」的成立受到了主流社會的誤會與譴責，這些受訪者均強調必須以理性方式開啟社會對話，以說明本身並非是一群內化錯誤意識的穆斯林女性。例如：對於教導女性成為「順從妻子」、接受丈夫的責打這件事上，受訪者都進一步解釋了「妻子的順從」、「反家庭暴力」其實是伊斯蘭的核心教義。妻子對丈夫的順從等同於對真主的順從，因此，穆斯林女性應該被教導成為一名「好妻子」。

但是，受訪者特別強調，此一「順從」是建制在特定的「條件與規定」之下，如果丈夫沒履行穆斯林宗教責任，且因為個人私慾而對妻子施予暴力，妻子就不再有義務順從丈夫，同時還可以向伊斯蘭法庭申訴離婚；另外，有鑑於伊斯蘭教義視性親密關係具有維繫夫妻關係、繁衍後代的重要功能（Ummul Human 二〇一一），俱樂部才因此提出身為穆斯林妻子必須主動學習跟丈夫培養性親密關係的中心思想。但是，受訪者們澄清這不必然意味著她們贊成丈夫可以在違反妻子意願下強迫其發生性關係。相反地，她們強調唯有在夫妻倆達成共識下所進行的性親密關係，方是伊斯蘭主張的「清真／性」生活（Halal sex）。

除此之外，對於穆斯林女性在「一夫多妻家庭制」就直接被視為受到壓迫與物化的說法，受訪者們選擇以個人的家庭生活經驗提出了具體的不同見解。根據受訪者的描述與研究者本身的參與觀察資料顯示，「一夫多妻家庭制內」的丈夫與妻子們不必然存在著不對等的權力關係。一如以上所述，妻子和丈夫的互動中都展現了足夠的協商能力。在妻子之間的關係上，她們也不具「妻妾階級」之分，而是強調作為彼此的陪伴者。

至於母親與非親生小孩的互動中也可以看得出來，這些受訪者在「一夫多妻家庭制」內部，其實都強調不以血緣作為關係建立的唯一連帶，她們其實更重視共同撫養的概念，強調妻子們必須一起負責給予每個小孩足夠的照顧與關懷。部分無法生育的受訪者甚至坦言，透過照顧其他妻子的小孩，她們得以實踐了「好母親」的角色，讓她們從中獲得了滿足感與榮譽感。

無可否認，在「一夫多妻制」的家庭模式裡，妻子必須適應丈夫在特定期間缺席的狀況。然而，許多受訪者反倒認為此一靈活彈性的相處模式，更能適度調和了她們和丈夫的關係，讓她們和丈夫之間保有足夠的個人時間與空間，解決了Bauman（二〇〇三）在《液態之愛》一書所描述的現代人之矛盾渴望：如何「加強人與人之間的聯繫，同時保持它們的寬鬆」，減少了現代家庭常因互動過於頻密而造成的關係衝突。再者，丈夫的短暫缺席，也意味著受訪者被予以了更多的自由去學習獨立、參與宗教／公共事務，以及追求個人的發展。

因此，可以發現本研究的受訪者如何能夠在一方面履行了「好妻子」和「好母親」的角色，一方面也得以在公領域發揮影響力。例如，為了對社會做出貢獻，她們積極開展各類伊斯蘭社會服務項目：建立孤兒院、籌集捐款協助低收入階層等。簡言之，受訪者的這些宗教行為皆說明了她們並非如同Taylor（一九九一）所描繪的「可憐的舒適」——那群「孤獨自私」、「逃避世界」、「對生活缺乏熱情和抱負」的人。相反地，她們足以被看成是一群可以「思考、感受和自我行動的主體」（Fromm，一九四二）。

三、結論

在「女性與伊斯蘭」的議題上，近年的學界研究均著重以分析宗教對於女性生命的當代意義，同時凸顯了女性在宗教實踐過程中構建能動主體性的能力。本研究的核心關懷，正是呼應此一觀點理論，挑戰過去主流社會對穆斯林女性的固有刻板印象，提供更多元的思辨角度去勾勒穆斯林女性的複雜與動態生命歷程。

本研究的研究對象：「千依百順妻子俱樂部」女性菁英，在面對馬來西亞日趨西化、國家經濟發展蓬勃，社會卻出現道德亂象之際，主張透過一套「伊斯蘭性別秩序」作為解決方案。此舉卻使她們被主流社會認為違反了現代兩性平權的價值、甚至把她們譴責為一群「內化宗教父權意識的受壓迫者」。然而，研究結果顯示，俱樂部菁英的宗教行為背後，其實是一種對馬來西亞一九八〇年代伊斯蘭復興運動思潮的具體回應。此一行動與回應，正好提供了我們值得深入反思的一個問題，即女性作為一個性別範疇，其生命經驗如何受到不同階級、宗教、文化、種族等交織而產生差異性的結果？而「西方」／「現代」兩性價值觀是否必然是絕對且唯一的性別標準，適合被全盤複製於後殖民東南亞社會來理解穆斯林女性的經驗？

此外，學界對於宗教實踐在不同歷史與時空背景下如何為女性生活帶來正面意義，已經累積了豐富的知識與觀點。如前言所述，「面紗文化」在消除社會階級、抵抗男性凝視，以及抗議西方霸權與世俗政權壓迫等方面，都扮演了重要角色。本研究一方面延續了這一理論路徑，探討了參與宗教組織對受訪者在「身分認同」形構與「本體論危機」消除中的重要性；另一方面，則拓展了過去研究較少觸及的議題，包括穆斯林女性在家庭內部的複雜處境與經驗，如對妻子權利的自覺與捍衛、在家庭權力關係中與丈夫進行協商的能力，以及如何透過「一夫多妻」制的婚姻關係獲得個人自由、發展，並建構「好穆斯林女性」的主體性。藉由將這些穆斯林菁英女性的處境、經驗與當代「現代性親密關係」的理論概念進行對話，本研究呈現了人類社會親密關係的多樣化發展型態，並探討了「虔誠」的性別實踐如何回應現代親密關係中的「脆弱」、「流動」與「易斷」問題的可能作用與功能。

基督教亮樂月與女傳教士在清末民初

——黃天琦・澳洲阿德雷得大學亞洲研究系

一、清末民初的新教女傳教士與中國女性啟蒙

在探索清末民初傳教士對中國影響的歷史脈絡中，我們不得不提及一股強大的文化和教育浪潮——由美國基督教女傳教士帶來的思想及其實踐活動。這一時期，美國剛經歷第二次大覺醒運動（一七九五—一八三五），這一宗教復興運動不僅深刻影響了美國本土的社會和文化，也推動了一批有使命感的新教女傳教士遠渡重洋到中國。最初，這些女傳教士多隨丈夫在廣東等地從事宗教傳播和社會服務工作。兩次鴉片戰爭後，美國向中國派遣的傳教士數量大幅增加。到了二十世紀初，美國已成為派遣傳教士到中國最多的國家之一，其中女性傳教士佔了三分之二，顯示了女性在此過程中扮演的重要角色。[183]

美國女傳教士對中國女子教育事業的貢獻尤為突出。例如早在一八五〇年，裨治文夫人（Eliza Jane Bridgman，一八〇五—一八七一）開設了在上海的第一所

女校——裨文女塾（Bridgman Memorial School for Girls），比一八九八年華人在上海開辦的第一所女子學校要早近五十年。到了一九〇二年，已有超過四千名女生在美國傳教士開辦的教會女校學習。因教會女校的帶動，清政府於一九〇七年下令在全國開辦官辦女子學校，使更多中國女性能獲得教育。[184]此外，美國婦女傳教團還開創了中國女子大學教育的先河，於二十世紀初創立最早的三所女子大學，分別是華北協和女子大學、金陵女子大學以及華南女子大學。美國女傳教士的教育為中國培養了不少婦女人才，如著名教育家吳貽芳便是金陵女子大學的首屆畢業生。

美國女傳教士到華的現象與十九世紀下半葉起美國國內政治、經濟、社會的演變，以及美國教會女性化的趨勢密不可分。[185]十九世紀的美國教會婦女積極參與慈善福利、婦女教育、道德改革等社會服務工作，主張改變婦女在社會與教會中的地位。面對社會和教會中的限制，她們提出了「婦女為婦女工作」（Woman's work for woman）的口號，將服務重點放在同性身上。這一口號最初由美國長老會（Presbyterian Church）婦女傳教團提出，成為了主導女傳教士醫生、教師和專職女教士的思想。加上在仁慈的帝國主義（beneficent imperialism）、美國例外論（American exceptionalism）和昭昭天命（Manifest destiny）等思想的影響下，這些女傳教士深信自己肩負著將文明和現代化帶給其他國家的神聖使命。[186]

仁慈的帝國主義思想的矛盾在於，美國女傳教士帶著對中國婦女的同情與善

183／Leslie A. Flemming, "A New Humanity: American Missionaries' Ideals for Women in North India, 1870–1930," in Western Women and Imperialism — Complicity and Resistance, ed. Nupur Chaudhuri and Margaret Strobel (Bloomington: Indiana University Press, 1992), 191.

184／段琦，〈清末民初美國女傳教士在華的傳教活動及影響〉，《世界宗教研究》，第 3 卷（1994），頁 37。

185／詳見 Barbara Welter, "She Hath Done What She Could: Protestant Women's Missionary Careers in Nineteenth-Century America," American Quarterly 30, no. 5 (1978) ; Patricia R. Hill, The World Their Household – The American Woman's Foreign Mission Movement and Cultural Transformation 1870–1920 (Ann Arbor, MI: University of Michigan, 1985).

186／Carol C. Chin, "Beneficent Imperialists: American Women Missionaries in China at the Turn of the Twentieth Century," Diplomatic History 27, no. 3 (2003); 關於這些思想的影響，詳見 Tin Kei Wong, "From Renaissance Heroine to May Fourth Female Paragon: Laura M. White's Recreation of Romola (1863) in Her Chinese Translation Luanshi nühao (1923)," in Alternative Representations of the Past: The Politics of History in Modern China, ed. Chan Ying-Kit and Chen Fei (Berlin, Boston: De Gruyter Oldenbourg, 2021), 26–29.

意，試圖將美國式的理想女性模範強加於她們身上，認為這能促使中國婦女「進化」成為「純正的婦女」(True woman)。她們致力於教育中國婦女，支持廢除壓迫中國婦女的傳統陋習，如包辦婚姻、童養媳、一夫多妻制、棄嬰以及婦女纏足等。女傳教士攜帶著美國維多利亞時代的婦女觀念——「純正婦女意識」（True womanhood），來到了中國。該觀念包含虔誠、純潔、服從和愛家等四個特點，[187] 不僅影響了她們的傳教活動，也指導了她們對中國女性啟蒙教育的方法和內容。

雖然在教育和廢除社會陋習方面，美國女傳教士確實為解放中國婦女貢獻良多，但她們的維多利亞式婦女觀念，實際上支持了儒家的父權傳統。本文的討論將透過美以美會亮樂月對於「女戰士」形象的想像和書寫，探討女傳教士如何以維多利亞時代的婦女觀念教育中國婦女，把她們定位於家庭之內，並塑造成家中的「女戰士」，從而反映出女傳教士對於女性角色和社會地位的矛盾態度。

二、美以美會女傳教士亮樂月

亮樂月（Laura M. White，一八六七—一九三七），一八六七年出生於馬里蘭州的巴爾的摩市，自幼在基督文化的薰陶下成長。一八八二年，亮樂月從費城女子師範學院（Girls High and Normal School of Philadelphia）畢業。一八九〇年，她加入了美以美會海外婦女佈道會的費城分會（Philadelphia Branch of the Woman's Foreign Missionary Society of the Methodist Episcopal Church），奠定了她未來在傳教事業中的基石。隨後於一八九一年，她獲得差會的指派，踏上前往中國的旅程，開啟了她長達四十三年的在華傳教生涯。她的工作重心集中於兩大

187／ Barbara Welter, "The Cult of True Womanhood: 1820–1860," American Quarterly 18, no. 2 (1966): 151–152.

領域：女學和女報，透過教育和文字傳播基督教的理念和啟蒙中國婦女。

亮樂月在女子學校擔任音樂老師多年後，於一九〇七年，成為了南京匯文女中的校長，不僅推動了學校的改革，增設師範科和大學部，還創設了翻譯部，培養了一批女性教育和翻譯的專才。一九一一年，亮樂月應廣學會第二任總幹事李提摩太（Timothy Richard，一八四五—一九一九）的邀請，創辦了中國首份基督教婦女期刊《女鐸報》，並擔任創刊主編。一九一二年，她移居上海，專注於發展編輯事業，以《女鐸報》作平台，宣揚維多利亞式的純正婦女意識。[188]

三、亮樂月眼中的女軍人和女戰士

一九一二年四月，在共和政體誕生三個月之後，《女鐸報》創刊，並於首期便討論「新中國」理想女性的標準。亮樂月作為主編，發表了社論〈敬告新國民女子〉，結合當時的局勢，讚賞那些為革命奉獻熱血的女子，稱其為「新女國民」，肯定她們可貴的精神。她描述熱誠的女子結隊聯盟，穿上戎服從軍，形成女子軍事團、女子協贊會、女子精武練習團等組織，展現出女性在革命時代的活躍角色。[189]

然而，亮樂月隨後立即指出，於民國初期，雖然有少數女性能夠參軍，但更多的是如讀者般「不能從軍之女子」。她引用儒家經典《大學》中的「修身、齊家、治國」概念，來說明新女國民應具之義務。亮樂月認為，治家即是治國的基礎，女性有著天生的家政責任，應當團結起來，致力於家政的研究和實踐。由此，亮樂月將女性的社會責任與家政義務相結合，重新定義「新女國民」的涵義，有別於當時流行的女性參政、參軍的風氣。亮樂月提倡的「新女國民」，應於家庭中以家政義務的形式「作戰」。她認為，婦女在家中就能與軍事團一樣戰鬥，通過「結團研究家政」，將日常生活用品比作軍事事物，如「井臼」作為「城池」、「閨闥」

188／關於亮樂月的生平，參看 Wong, "From Renaissance Heroine," 26–27.

189／亮樂月，〈敬告新民國女子〉，《女鐸》，第1期第1卷，1912年，頁3。

作為「帷幄」、「薪米」作為「餉糈」、「箕帚」作為「干戈」，[190]以此來強調女性應該積極參與家庭管理，以家作為適合自身女性身分的戰場。這篇社論的觀點與她在一九一一年演講中提出的「家庭的王國」（Kingdom of Home）之說一脈相承，展示了她對於中國婦女達成服從和愛家兩特點的期望。[191]然而，在民國初期，中國推崇的女性典範大多是軍事或政治上的女豪，如中國的花木蘭和秋瑾，與西方的羅蘭夫人（Madame Roland，一七五四—一七九三）和蘇菲亞（Sophia Perovskaya，一八五三—一八八一）等。

四、為家庭自我犧牲的維多利亞式女英雄

亮樂月在其一篇題為〈兩場神聖的戰爭〉（Two Holy Wars）的英文短文中，

提出了她認為婦女的自我犧牲就是一場神聖戰爭的觀點。[192]亮樂月眼中的兩場神聖戰爭，一場指的是第一次世界大戰，是歐洲顯示「野心、權力和自私利益的鬥爭」（the great struggle in Europe of ambition, power and selfish interests）；而另一場則是婦女傳播福音的工作，她視為「為給數百萬人帶來生命的鬥爭」（the struggle to bring life to millions）。[193]亮樂月強調，唯一真正的神聖戰爭是後者，一場由基督教婦女進行的鬥爭，展現了慈悲、謙卑、溫柔與愛。基督教婦女的奮鬥目的「主要不是為了自己的權利，甚至不是為了自己的生命，而是為了他人的生命和權利」（primarily not for their own rights, nor even for their own life, but for the life and rights of others）。[194]亮樂月甚至將這比喻應用到自己身上，認為自己

190／亮樂月，〈敬告新民國女子〉，頁4。
191／Laura M. White, "A Union Woman's College," The Chinese Recorder, no. 11 (November 1911): 646.
192／Laura M. White, "Two Holy Wars," Woman's Missionary Friend 47 (January 1915).
193／Laura M. White, "Two Holy Wars," Woman's Missionary Friend 47 (January 1915),10.
194／Laura M. White, "Two Holy Wars," Woman's Missionary Friend 47 (January 1915), 9.

是聖戰中的一名女士兵（soldier）。她感謝上帝讓她成為一名女性，並賦予她在「地球戰場上的女性職責」（the woman's part on earth's battlefield），即是「為他人的生命而鬥爭」（the struggle for the life of others）。[195]

這種觀念對應了維多利亞時代對女性英雄的刻板印象。維多利亞社會期望女性英雄的偉大表現為一種被動形式，具有獨特女性氣質，通常與家庭生活緊密相連。在這一時期，「自我犧牲」被賦予了濃厚的性別色彩。這特質不僅是女性在日常家庭生活中的常態，更被視作區分男性和女性英雄主義本質差異的關鍵。[196]女性的自我犧牲被認為是她們在家庭和社會中不可或缺的特質，這一觀點在亮樂月的描述中得到了詮釋和提升，把自我犧牲視為女性的作戰方式。通過她的視角塑造，傳教士成為了一群致力於超越自我，為他人生命和權利而戰鬥的女戰士，她們的英雄主義超越了於傳統家庭生活中的自我犧牲，彰顯於更廣闊的社會和精神層面上。

五、帶有束縛的解放

帶著維多利亞式婦女觀念的美國女傳教士在中國雖然為婦女帶來了某種程度的解放，但這種解放連帶的保守思想帶有明顯的束縛，限制了中國婦女進一步追求女權。女傳教士利用自身職業作途徑，以自我犧牲的名義下，在中國得到於美國無法獲得的機會，並一邊於公共領域行使自主性和領導權，一邊為中國婦女灌輸婦女應當愛家及留家的思想。這些女傳教士並未真正追求男女平等的理念，而是宣揚維多利亞式的婦女特質，教導及鼓勵中國婦女以家庭為中心，承擔起對子

195／Laura M. White, "Two Holy Wars," Woman's Missionary Friend 47 (January 1915), 10.

196／參看 Judith Rowbotham, "'Soldiers of Christ'? Images of Female Missionaries in Late Nineteenth-Century Britain: Issues of Heroism and Martyrdom," Gender & History, 12, no. 1 (2000): 82–106.

女和丈夫的道德與文化教育責任。

女傳教士在教會女子學校所開設的縫紉、刺繡和家政等課程，目的為培養女性成為賢妻良母的典範。即使鼓勵婦女投身社會，也只是希望她們從事被認為「適合婦女」的工作，如教師或醫護人員等，而不支持她們參軍參政，也強烈反對於那些爭取參政權，擁有激進思想的中國婦女。美國女傳教士的保守的思想和政治態度對中國婦女基督徒產生了深遠的影響。雖然在中國婦女基督徒中出現了如吳貽芳等的教育家，以及如康成、石美玉等的女醫生兼佈道家，然而，女社會改革家和女革命家卻顯得不多見，反映了美國女傳教士在推動婦女解放方面所持的保守態度及其限制。[197]

六、小結

亮樂月的寫作和翻譯工作不僅限於宣揚在家作戰的女戰士形象，她的其他作品也體現了維多利亞時代保守的婦女觀。[198] 這種觀念與中國傳統的儒家思想，以及清末民初男性知識分子的觀點有著共鳴。本文旨在指出，將女傳教士到華等同於解放中國婦女的看法並不完全準確。雖然西方女傳教士在教育機會的爭取和廢除纏足等方面確實為中國女性帶來了某種解放，但在參與政治和軍事的機會上，女傳教士的看法與中國傳統的父權思想不謀而合。實際上，這種維多利亞式婦女觀不僅支持了儒家的父權傳統，甚至還加強了這一傳統。有些男性知識分子甚至以西方傳教士的婦女觀作為文明的標準，進而指導對待婦女的方式，如將女性培育成「國民之母」。在亮樂月於中國長達四十三年的傳教事業中，作為教師、校長、婦女期刊主編及翻譯者，她的文字一直滲透這種觀念。

197／段琦，〈清末民初美國女傳教士在華的傳教活動及影響〉，《世界宗教研究》，第 3 卷（1994），頁 39–40。

198／參看 Tin Kei Wong, "Free Love and Free Marriage: Chinese Writers' Description and an American Missionary Woman's Prescription in the 1920s," in Conjugal Relationships in Chinese Culture: Sino-Western Discourses and Aesthetics on Marriage, ed. Chi Sum Garfield Lau and Kelly Kar Yue Chan (Singapore: Springer Nature Singapore, 2023).

對於亮樂月來說，恰當的教育是訓練中國女性成為家庭主婦。作為校長，亮樂月在南京慧文女子學校實施大學部門，倡導中國女性接受大學教育。當時，她以美國女性學院為榜樣，而這些學院是模仿男子學院設立的。然而，在一九一一年作為聯合學院委員會成員發表的演講中，她表示自己最終意識到「美國年輕男性的大學教育不適合中國女孩」，因為聯合學院需要「為新中國設定女性理想的標準」，使學生「獲得將來建立在家庭中的美好願景」。[199] 亮樂月認為，委員會其他成員提出的中國女性高等教育過於美國化，而將這種美國大學模式強加於中國情境是不合適的，因為中國女性在當前的「發展階段」最需要的是通過「家庭科學、母親技藝、教育學」等學科學習實用和文化知識，而不是高等數學和大學科學。[200] 亮樂月的觀點與一些傳統的高級女傳教士一樣，主張將中國女性轉變為美國家庭主婦。實際上，她們非常重視在中國再現美國式家庭，因為對她們來說，美國家庭生活代表著西方社會的文明家庭生活。她們對這一理想非常投入，甚至從美國運送家用品到中國。[201] 亮樂月最具象徵意義的舉措，是她從美國運來了一盆大黃，並用以焗製餡餅供給其他美國女傳教士吃。他們一起通過將美國的家庭文化移植到中國，嘗試建立了一個海外的「家庭帝國」。[202] 她們對家庭生活的奉獻，使她們成為「整個文明中最專注和最成功的使者」。其中一位高級女傳教士 S. L. Dodson，就認為中國已經「過多」的職業女性，她們的目標是培養出色的妻子和母親。[203]

然而，新一代新女性傳教士提倡女性的專業化，並認為亮樂月的家庭教育不適合中國女性。[204] Matilda Thurston（一八七五—一九五八）代表了這個年輕群體的意見，或者說是 Sasaki 所稱的「新領導者」群體。[205] Thurston 與 White 同在聯

199／White, Laura M. "A Union Woman's College." The Chinese Recorder, no. 11 (November 1911): 646–48.

200／Laura M. White, "Extract from letter of Miss Laura M. White, Lawrence Hall, Nanking, China, of November 21, 1913," Ginling College Folder, Missionary Research Library Collection, The Union Theological Seminary, New York, NY.

201／Jane Hunter, The Gospel of Gentility: American Women Missionaries in Turn-of-the-Century China. New Haven: Yale University Press, 1984: 129.

202／Laura M. White, "The Plaint of a Pie-Plant," Children's Missionary Friend 14, no. 7 (July 1903). "The Plaint of a Pie-Plant." Children's Missionary Friend 14, no. 7 (July 1903): 104–05

203／Hunter, The Gospel of Gentility, xiv.

204／King, Marjorie. "Exporting Femininity, Not Feminism: Nineteenth-Century U.S. Missionary Women's Efforts to Emancipate Chinese Women." In Women's Work for Women: Missionaries and Social Change in Asia (San Francisco and London: Westview Press, 1989), edited by Leslie A. Flemming, 125.

合女子學院的委員會中，她對 White 提出的職業「家政」課程不屑一顧，認為這根不是尊重現代女性地位的學術訓練，也不符合「當時」西方女性知識人的期望。她不無諷刺地說亮樂月「充滿感情」且「被《女性信使》所吸引」，描述她在這一立場上無意地「孤軍奮戰」。Thurston 批評亮樂月深深依戀於已過時的維多利亞時代的女性觀，這與委員會其他成員的觀點是不一致的。[206] 最終，Thurston 成為五個傳教委員會計劃的聯合女子學院金陵女子學院的首任校長，以管理其他美國機構的方式運營這所學院；亮樂月則全身心投入到《女性信使》中，繼續發表她對中國女性適當教育和理想女性的觀點。

讀者亦該觀察到的是，在民國初期，美國的新女性風潮已開始。至五四運動後，中國女權概念亦已興起，年輕一代的美國女傳教士也持著新女性概念來到中國傳教。她們多以單身身分從事教育和傳教工作，展現了獨立和進取的能力，令不少美國教會女子大學的畢業生受到她們的啟發，選擇了單身不婚，獨立發展。即使美國和中國的社會發生以上轉變，從亮樂月留下的文獻資料來看，她始終如一地保持著自己的觀點。而她也一直保持單身未婚，這對她以及其他單身女傳教士來說，放棄組織家庭是一種形式的自我犧牲，[207]也成為了亮樂月於中國參與「神聖戰爭」的作戰方式。然而，亮樂月的推廣的維多利亞家庭價值，卻是當下「小眾的」基督宗教中的過時「小眾」。

205／ Sasaki, Motoe. Redemption and Revolution: American and Chinese New Women in the Early Twentieth Century. United States in the World (Ithaca: Cornell University Press, 2016): 51.

206／ Quoted in ibid. According to Sasaki's research, the source is "Edited letters of Matilda Thurston," March 1, 1914, folder 2854, box 143, RG11, UBCHEA, Yale Divinity School Library.

207／ Jane Hunter, The Gospel of Gentility: American Women Missionaries in Turn-of-the-Century China (New Haven: Yale University Press, 1984), p 53.

太極門與稅務在臺灣[208]

——曾建元・國立臺灣大學國家發展研究所法學博士
國立中央大學客家語文暨社會科學學系兼任副教授
公民監督國會聯盟理事長

對於國家而言，

讓每位公民都擁有一個能夠讓他熱愛公民義務的宗教是至關重要的事情。

——盧梭（Jean-Jacques Rousseau）

一、前言

太極門是根植臺灣本土的新興宗教或修行團體，在歷經法難後，則逐漸演化出以普世價值的信仰與實踐為教義與人間修行的公民宗教新典範。

208／本文宣讀於國立政治大學華人宗教研究中心、國立臺灣大學人文社會科學發展中心與國家科學及技術委員會人文社會科學研究中心於 2023 年 12 月 16 日下午假國立政治大學達賢圖書館國立政治大學華人宗教研究中心舉辦之《側目、操戈與共存》東亞小眾宗教國際學術研討會「東南亞的華人宗教」分場次。感謝國立臺灣師範大學東亞學系教授莊仁傑的與談。

二、太極門的初期發展

太極門的創始人為掌門人洪道子（洪石和），一九四四年生於臺灣屏東縣，一九五〇年六歲時受道家太極門上智大師／智道子點化啟蒙，研習氣功武術功法。一九六一年二十一歲時為智道子指定繼承衣缽，受大法，賜號洪道子，跟隨智道子學習道學、中醫與氣功武術。[209] 一九六六年二十六歲時創立太極門精神運動，成立太極門氣功養生學會，並以團體會員身分加入中華民國國術會，其後陸續成為臺北市國術會、中華武術協會、中華氣功協會、中華民國道教會、臺北市道教會的團體會員。[210]

一九七七年受智道子囑咐光大太極門志業，一九八七年辭去工作，在高雄市設立太極門會館，專心傳法。一九八八年，荷蘭女王碧翠絲・威廉敏娜・阿姆加德（Beatrix Wilhelmina Armgard）御用侍衛蒙古裔傑洛汗（Dschero Khan）親王傑拉德・麥雅（Gerard Meijers），號陳道子，來臺請見欲與洪道子比武，洪道子邀陳道子坐而論武，不分晝夜連續三天三夜，陳道子精疲力盡，對洪道子武學造詣甘拜下風，而邀請洪道子訪問歐洲荷蘭與西德各地交流。[211] 陳道子在荷蘭霍斯特（Horst）有一道場，名曰中國內秘道學院（內密傳大學 University of Chinese Esoteric），陳道子乃私授洪道子為武學博士。

一九八九年洪道子北上，在臺北市忠孝東路設立道館，也在同一地點一樓開設公司，從事進出口貿易事業。但此時智道子則要洪道子全心於弘道，命其關閉公司。洪道子考慮三天，決意遵從天命，而前往中華人民共和國考察道家武學的

209／Introvigne, Massimo, Willy Fautre, Rosita Soryte, Alessandro Amicarelli, Marco Respinti（馬西莫・英特羅維吉、威利・福泰、羅西塔・索麗特、亞歷山德羅・阿米卡雷利、馬可・萊斯賓蒂），2021，〈被拒絕的正義：臺灣太極門案白皮書〉，寒冬雜誌作者群合著，李曉葳等合譯，《通往宗教自由與人權的道路——臺灣太極門案——寒冬雜誌文選集》，臺北：正大出版社有限公司，2021年12月，頁12。

210／太極門，2010，《改革司法弊端保障人權——以太極門冤案為例》，臺北：太極門氣功養生學會，頁8。

211／太極門，2010，《改革司法弊端保障人權——以太極門冤案為例》，臺北：太極門氣功養生學會，頁9。

名山大勝與氣功運動發展的狀況。十一月十七日，出席由中華人民共和國發起，在北京舉行的第一屆國際傳統康復醫學學術會議暨世界醫學氣功學會成立大會，時值中國科學院院士錢學森推動氣功研究發展的高潮。[212]

洪道子回國後，在中國文化大學中華學術院中國醫學研究所接受鄭隆炎教授指導寫作論文，於一九九一年受頒中國醫學博士證書，再經鄭隆炎推薦與美國咸林大學（*International Northwest Shen-Lin University*）授與哲學博士證書。從一九九一年這一年起，洪道子以四年時間，在全國各地廣建太極門組織，包括設立於臺北市基隆路的總道館大安道館在內，在南北各地先後設立了十二個道館與分會，開辦有神功班、研究班、先修班、師資班等課程，教授太極神功（氣功），並兼及各家武術，逐漸形成氣候。

三、太極門的氣功武術

太極門源自中國古老氣功武術修行門派，承傳道家心源。道家秘傳門派有五門，太極門、丹鼎門、劍仙門、符籙門、玄真門，稱五門秘法。五門秘法隱世修煉，為內秘真傳，秘而不宣，其傳承的方法，一如佛門禪宗中華初祖菩提達摩〈悟性論〉所云：「教外別傳，不立文字」，講究歷代師徒間的口耳相授，不立文字，三口不言，六耳不傳，而寧可失傳，絕不妄傳。五門秘法以太極門居首，太極門的修煉以無為為旨歸，其餘四門為有為法。無為指不隨因緣變化而出現、變化及

212／黃兆歡，2020，〈錢學森的修煉之路：一個科學家的丹道氣功研究〉，《知乎》網，北京：智者天下科技有限公司，2020年8月14日；王友群，2020，〈習仲勳等支持氣功研究的內幕〉，《大紀元》網，紐約，2020年2月10日；李蔚，2015，〈中國氣功科學研究會的"無疾而終"〉，《網路論壇》網，北京，2015年9月15日。

消失的法，有為則指依因緣而造作的萬物，太極門在功法上乃注重養氣和健身，強調陰陽動靜的協調，進而上升至心性，體悟自然，清靜無為，而臻至境。太極門推崇儒家易理中的太極動靜以及道家老子的無為自然，為道門無為大宗法之代表。[213]

太極門的修煉標榜氣功，延伸及各家武術，其課程與修煉重在練氣習武與心性修養，由於其功法和人生觀主要淵源傳承自中國道家，而中國道家又融合有儒家和佛家教義，太極門對道教眾神和先聖先賢乃抱持著相當的敬意，因而被視為宗教團體或新興宗教教派，但實際上，太極門的修行並不強調宗教崇拜儀軌與神通。

中國武術講求運氣吐納，所以氣功和武功乃不可分，而這一身體觀念則來自古老的中國文化。太極門的功法由氣功入門。氣功（炁功）是結合呼吸、身體活動和意識調整（調息，調形，調心）的身心修煉功法，氣功的運行，全依中國傳統的生理學，強調經脈穴道的相關關係，而與當代醫學界、現代西方強調臟腑器質的生理學，存在著兩種典範間的競合關係。太極門的身體觀乃聯繫著其宇宙觀，而直接源自道家太極哲學。太極哲學認為宇宙最原始的秩序狀態乃係混沌未開而稱之為無極的氣態，由混沌而至分明的萬物化育過程，來自於宇宙本源太極中陰陽兩極不斷的分化運動，這是一種永恆的運動狀態，運動而產生動力，將這一動力有效導引，則可創造出活潑生動而和諧的世界秩序，而人作為自然界的一部分，人的生命現象也正反映著這一自然規律。道家將導引做為日常修行養生功法，用於武術則為內功。[214]

道家的內丹道氣功，主要奠基於東漢末年的鍾離權、唐代中葉的呂洞賓、北宋的陳摶和張紫陽，其理論係將修煉人體視同提煉金丹，而以人體為爐鼎，以體內真氣誘導先天之始氣運行，盡心養性，在體內煉丹，而煉精化氣、煉氣化神、

213／陸錦川，2001，《菩提與無為——佛學三宗與道門五祕》，臺北：新自然主義出版股份有限公司，2001 年 3 月 1 日；馬家玉，2014，《高齡者參與氣功研修活動對靈性健康促進之研究——以太極門高齡師兄姊為例》，民雄：國立中正大學成人及繼續教育研究所博士論文，頁 18。

214／陳調欣，2013，〈止戈揚善安家邦〉，《國立國父紀念館館刊》，第 23 期，臺北：國立國父紀念館，2013 年 12 月 22 日。

215／莊宏誼、鄭素春，2021，〈中國傳統宗教——道教〉，輔仁大學宗教學系編著，《宗教學概論》，臺北：五南圖書出版股份有限公司，2021 年 6 月，頁 131-132，頁 137。

煉神還虛，終於成仙。[215]而縱使成不了仙，氣功也必定能夠健身。

武術拳法，發生自古人出於本能反應和自然觀察所整理出的攻擊防禦動作和技巧，而逐漸累積成為系統性的知識，而可以傳授和演練。臺灣武術係於南明隨延平郡王鄭成功傳來，鄭家軍在各地屯田備戰，教導一般百姓武藝功夫，形成軍事化的習武組織。清代漢人移民來臺，地方庄頭有民間自衛鄉勇團練組織，農暇演練武術拳腳，遇事則集結出陣，保鄉衛土。臺灣武術在日本統治之後受到嚴格管制，武館以民俗形式保存並增加至兩百多個。[216]臺灣光復之後，直到一九五〇年，始有前中央國術館副館長陳泮嶺發起成立中華國術進修會，統合臺灣所有武術門派，即今中華民國國武術總會之前身。

太極門的武術教授，乃不限於太極拳，而包括了中國傳統武術的各種類別。太極門氣功研修的內容即分為四個部分，包括文武合一的古老氣功；中華傳統國粹文化傳承太極門氣功與舞蹈、武術；太極門氣功與練陣之鼓、扇、旗以及修道之路歸原之行等四部分。[217]

太極門自我定位為氣功武術修行團體，洪道子對於太極門修煉的原始觀念，即完整呈現在〈太極門簡介〉上的這一段文字中：「傳授弟子人生哲學智慧，並引導弟子性命雙修、練氣練心、強身健體、修心養性、淨化心靈，以達心氣合一、反璞歸真、明心見性、天人合一的最高境界」。[218]氣功武術是道家內丹修煉的法門，終極的目標是修行者個人修為的明心見性，天人合一。

216／陳調欣，2013，〈止戈揚善安家邦〉，《國立國父紀念館館刊》，第23期，臺北：國立國父紀念館，2013年12月22日。

217／太極門氣功養生學會主編，1998，《文武傳真情，一九九八年慶祝美國國慶演　出》，臺北：太極門氣功養生學會；馬家玉，2014，《高齡者參與氣功研修活動對靈性健康促進之研究——以太極門高齡師兄姊為例》，民雄：國立中正大學成人及繼續教育研究所博士論文，頁20-25。

218／〈太極門簡介〉，《太極門氣功養生學會》網，臺北。

四、太極門的法難——一二一九事件功法

一九九六年首次總統民選，宗教界強大的政治動員能量，驚動中國國民黨執政當局有關人等。當時參選總統的無黨籍陳履安和參選副總統的民主進步黨籍謝長廷，皆為虔誠的宗教信徒，陳履安獲得佛教支持，謝長廷則為新興宗教。選後行政院連戰內閣法務部長廖正豪與內政部長林豐正即宣布展開宗教掃黑，行政院並訂當年十二月召開全國宗教會議，研議訂定宗教法。在此一背景下，由二月佛教佛光山釋星雲、九月中台山釋惟覺開始，皆被控告逃漏稅等違失，接著觀音法門釋清海、法身宗宋七力、臨濟宗悟覺妙天等遭檢舉與調查。[219]十二月十九日，臺灣臺北地方法院檢察署檢察官侯寬仁指揮大隊人馬至太極門總道場進行搜索扣押與逮捕，帶走道館帳冊資料與洪道子、陳調欣師徒數人，之後以《刑法》常業詐欺罪、《稅捐稽徵法》第四十一條逃漏稅捐罪起訴洪道子以下諸人。[220]

太極門的刑事案件，歷經十一年訴訟，終於在二〇〇七年七月為最高法院以《最高法院96年度臺上字第3837號刑事判決》判決無罪。法院由學員證詞，認定學員相信氣動，因而無法而遽認學員相信太極門功法而捐獻、購買課程與產品的行為是出於遭受詐騙。常業詐欺之指控乃不成立，洪道子等被告皆獲判無罪而受有冤獄賠償。

但在課稅處分的救濟上，太極門備受艱辛而損失慘重。首先，作為道教武術團體，戰後臺灣從未有對武術團體中弟子贈與之敬師禮金視為教師所得而予以課稅之例，臺北市國術會、中華武術總會、中華氣功協會皆就此發函國稅局證實，《經濟社會文化權利國際公約》第二條第二項要求每個締約國「保證人人行使本

219／林達，2013，〈佛陀正法，難勝能勝〉，謝明媛總編輯，《真理的受難者》，臺北：禪天下出版有限公司，2013年7月，頁71-76。

220／太極門，2010，《改革司法弊端保障人權——以太極門冤案為例》，臺北：太極門氣功養生學會，頁18；譚民淵、黃晴白，2016，《始末——太極門法稅冤錯假案》，臺北：正大出版社有限公司，2016年9月，頁41-42。

公約所載之各種權利，不因種族、膚色、性別、語言、宗教、政見或其他主張、民族本源或社會階級、財產、出生或其他身分等等而受歧視」，國稅局獨獨針對太極門進行課稅，顯係選擇性執法，而有文化或宗教歧視之實。221

其次，關於國稅局核課的太極門三十二億元所得性質，最初即並存著犯罪所得抑或補習學費收入兩種矛盾的認定，而縱使為補習收入，自始即未確定其究竟屬於太極門學會營利事業所得抑或洪道子之個人綜合所得，可見最初核課程序的草率。實則依《所得稅法》第四條第十七款規定：「因繼承、遺贈或贈與而取得之財產」，免納所得稅，財政部賦稅署一九七五年〈臺財稅第33031號〉函釋「教會傳道人接受信徒之贈與免納所得稅」，宗教團體免辦理所得稅結算申報認定要點。《太極門弟子拜師儀典》第十五項規定：「敬呈敬師禮：弟子某某真心誠意、歡喜願意，承古明儀，致贈敬師禮，恭請師父成全弟子應盡之禮，感恩師父，謝謝師父。敬呈，感恩師父行三叩首禮」，可知敬師禮為弟子之贈與禮金，非對價報酬，性質上屬於《民法》第四〇八條第二項所稱之「履行道德上義務而為贈與」，222 依法免稅，毫無疑義。

《行政程序法》第一一三條第一項規定：「行政處分之無效，行政機關得依職權確認之」，然我們看到的是，行政機關罷於行政一體、官官相護，沒有任何一個行政機關承辦人員敢於否定太極門課稅處分的效力，甚至連《行政程序法》第一一七條第一項規定：「違法行政處分於法定救濟期間經過後，原處分機關得依職權為全部或一部之撤銷；其上級機關，亦得為之」，臺北國稅局、中區國稅局和財政部都不願動用其撤銷權，死不認錯。

經過多年纏訟，二〇一九年底，國稅局終於基於最高行政法院《107 年度判字第 422 號》判決以及臺灣臺北高等行政法院《103 年度訴字第 76 號》判決意旨，依《納稅者權利保護法》撤銷民國八十、八二、八三及八四年度綜所稅課稅處分，卻唯獨於八一年度綜所稅維持原處分。

221／譚民淵、黃晴白，2016，《始末——太極門法稅冤錯假案》，臺北：正大出版社有限公司，2016 年 9 月，頁 61-62。

222／陳清秀，2016，〈贈與稅課稅客體之探討——兼談太極門之稅務案例〉，《臺灣法學雜誌》，第 295 期，臺北：臺灣本土法學雜誌有限公司，2016 年 5 月 14 日，頁 90-91。

《行政訴訟法》第二七六條第四項「再審之訴自判決確定時起，如已逾五年者，不得提起。」最高行政法院《95年度判字第2066號》判決書確定後五年，即二〇一一年之後，也無法提出再審之訴了。因而二〇一八年七月二十六日最高行政法院做成之《107年度判字第422號》雖認定太極門為氣功武術修行門派，再度判決國稅局敗訴，並指出八一年綜所稅案未及審酌《最高法院96年度臺上字第3837號》刑事判決所確定之贈與事實，最高行政法院也認為五年除斥期間再審之聲請權已經消滅。[223]

法務部行政執行署於二〇二〇年對太極門位在苗栗縣銅鑼鄉老雞隆段五十二筆土地進行查封程序，由新竹分署苗栗分局執行。[224]因太極門案之爭議，無人標買，納入國有承受。太極門另一位在新北市汐止區的道場瑞士山莊，一九九七年遭查封後無法使用，日久失修而荒廢，二〇二〇年一月為國稅局塗銷查封，但該地段是都市計畫外的山坡地住家，一九九六年賀伯颱風肆虐，發生地層滑動，為臺北縣政府一九九八年一月依內政部頒《落實居住安全防災應變體系方案》陸續公告禁建的危險山坡地住宅區，建築物乃無法重建使用。人身受到司法限制，有

《刑事補償法》補償損失，龐大財產因司法限制無法利用，竟絲毫無法獲得補償。

五、太極門——一種公民宗教運動

太極門的發展在一九九七年一二一九法難中遭遇重挫，但卻使其教門自上而下從此深刻反省，積極從事法門的宣揚推廣，投入社會公益，以期獲得社會各界

223／張靜，2021，〈判決錯了為何不能再審「校正回歸」，太極門案的無解難題〉，《ETtoday 新聞雲》網，臺北：東森新媒體控股股份有限公司，2021 年 7 月 16 日。

224／陳志龍、黃俊杰、吳景欽，2021，〈太極門案件之法律分析〉，寒冬雜誌作者群合著，李曉葳等合譯，《通往宗教自由與人權的道路——臺灣太極門案——寒冬雜誌文選集》，臺北：正大出版社有限公司，2021 年 12 月，頁 80-81。

更多的認識與支持。一九九八年首度參與雙十國慶大型古典舞蹈戶外演出，贏得舉國讚譽，此後連年受邀國慶演出，榮獲總統接見表揚。一九九九年七月，太極門走出國門，組織一千二百人親善文化訪問團參加美國西雅圖第五十屆海洋節炬光遊行（Seafair Torchlight Parade）活動，以結合武術與舞蹈的大型演出，宣揚中華文化與臺灣形象。當年臺灣九二一集集大地震災後第四天，太極門於臺北市立體育場舉行祈天大典暨《世界之愛，祈福之夜》晚會，發起《世界之愛和平宣言》撫慰社會人心。洪道子在這一年加入了國際非政府組織世界公民總會（Association of World Citizens），二〇〇〇年一月世界公民總會委請洪道子協助臺灣區世界公民中心的推動，旋即於二月邀請洪道子擔任該會之榮譽副主席兼諮詢委員，二〇一二年出任副主席至今。而洪道子也於二〇〇〇年於美國紐約發起成立世界之愛和平總會（Federation of World Peace and Love）並出任會長。

止戈為武，兼愛非攻才是武德與武藝的目的。臺灣作為前線國家，時刻處在戰爭危機當中，太極門更期待能對於守護臺灣民主人權等普世價值有所貢獻外，也能以倡導愛與和平，為臺灣守護住國家安全。但不僅如此，更希望能以這樣的臺灣體驗與價值信念，擴而充之，為全球人類帶來福祉。二〇〇五年，紐約世界之愛和平總會舉辦愛與和平世界領袖高峰會系列活動，訂每年九月十五日為國際愛與和平日並通過《國際愛與和平日宣言》（Declaration of International Love and Peace Day）。

二〇一四年一月一日，世界之愛和平總會、世界公民總會、太極門氣功養生學會共同發起良心時代運動，二〇一九年聯合國大會通過訂定每年四月五日為國際良心日。良心是中國先秦儒家孟子所倡導的觀念，堅信人有此一善良天性，《世界人權宣言》（Universal Declaration of Human Rights）訂定時，即因中華民國駐聯合國經濟社會和文化理事會首席代表兼人權委員會副主席張彭春的主張，而被寫入第一條：「人人生而自由，在尊嚴和權利上一律平等。他們賦有理性和良心，並應以兄弟關係的精神相對待。」[225] 太極門在國際公民社會的投入，是長期處在

225／曾建元，2018，〈講普世人權，就要正視中共的暴政！〉，《思想坦克》網，臺北：財團法人臺灣智庫，2018 年 6 月 4 日。

戰爭陰影下且備受國際孤立的臺灣，對於普世人權與中國哲學的關係、愛與和平文化在解決國際爭端的作用的真摯提醒。

太極門由稅災被難而重生。二〇一〇年十一月因聲援黃文皇律師為受託管理當事人遺產遭到國稅局開出巨額遺產稅單與罰款，[226]而發起「為臺灣賦稅人權請命」大遊行，呼籲《納稅者權利保護法》加速審議通過。進而為了爭取自身一二一九法難的平反，而於二〇一三年成立了平反一二一九行動聯盟。太極門在爭取自身稅災平反的過程中，發現到不計其數的稅災案受害者如何地期待聲援與幫助，而充分體會到人民受到國家官僚壓迫的痛苦，因而轉念積極投入社會運動／公民運動，將戰線延伸到所有稅災受害者，議題提升到賦稅人權高度，尋求與國際人權相關議題的發展連結。二〇一六年邀請陳志龍、黃俊杰、吳景欽、連福隆與陳逸南等五位學者專家領銜發起成立法稅改革聯盟，二〇一七年提出稅改五大訴求、稅改十大建言與《賦稅人權宣言》，倡議廢除稅務人員稅務獎勵金、限制核課時效，以及超額徵收之稅款歸還於民等，關懷受到國稅局不當課稅的稅災戶，也意欲訴求廢除查稅獎勵金，而根除稅務員濫課的誘因。[227]

太極門聲稱其非宗教，沒有宗教儀式，只有門派自古流傳下來的儀軌，更多的時候，是以較為中性的心靈修行團體來定性，但在國際社會，仍將太極門案視為宗教迫害，這就涉及宗教的定義。傳統由法國社會學家涂爾淦（Émile Durkheim）提出的宗教定義為：遵照與神聖（the sacred）事物相關的信念（belief）與實作（practice）所形成的統一體系作為而形成的修行團體（group），但當代人類社會也有許多去除神話而參考宗教傳統與組織資源建立的信念在個人之間進行靈性追求協作的社群。[228]宗教性強度的測量指標有三：對宗教權威教導信念（belief）的相信程度、固定出席宗教場所內舉行的儀式性活動（behavior）的頻率，以及對於宗教的認同（belonging）程度，當代人從事宗教或心靈修行活動，亦即

226／黃文皇，2016，〈擔任法院指定之遺產管理人遭國稅局裁罰鉅額罰款事件〉，《全國律師月刊》，第 10 卷第 7 期，臺北，2016 年 7 月。
227／法稅改革聯盟，2021，《反法稅奴役搶救人權大團結》，臺北：法稅改革聯盟。
228／黃克先，2021，〈宗教〉，陳志柔、林國明主編，《社會學與臺灣社會》，臺北：巨流圖書股份有限公司，2021 年 9 月，頁 222-227。

探索人與人以外非實體存在的關係，並在當中思考人生處境與展望問題時，對於特定宗教教義、儀軌、組織規範的服從性和認同的宗教性不如傳統宗教高，因此學者對當代宗教的理解，乃主張回歸到「做」宗教的個體，而不宜再把宗教全然等同宗教組織，就此而言，太極門的發展，宗教性日益薄弱，既無嚴密的教義和儀軌、也無明確的組織紀律，全賴學員對太極門活動的參與和認同，其性質毋寧已更接近於心靈修行團體，但這絲毫不妨礙其被視為現代宗教。

盧梭（Jean-Jacques Rousseau）曾有過關於公民宗教（Civil religion）的討論，其本意是指從傳統宗教（基督宗教）中汲取元素作為國家統治正當性的基礎之一，即將對神明的崇拜轉化為對於正義與法律神聖性的堅信，以及對於宗教與政治寬容的堅守，[229]而以此凝聚國家認同，鞏固國家統治的正當性。太極門在法難階段時期外界對其還有過神話與神通的傳聞，但現在已轉化為一種現代宗教，只保留道家的自然哲學和人生哲學，更如同盧梭主張以良知／良心（conscience）作為公民宗教信仰的道德情感與理性基礎[230]而推動良心時代運動，而使《國際人權憲章》成為太極門人間修行奉行的經典教義。太極門在現代宗教型態中注入了公民宗教的精神，開創了臺灣新興宗教人間修行社會實踐的新典範，使各種宗教門派中人皆得不受門戶之限，皆可歡喜參與太極門的武術與氣功修煉課程、各種表演和社會運動。

太極門教授個人性命兩全的健身之道，復以揉合武術與大型舞蹈的列陣演出鍛鍊團隊行動，而將學員凝聚成有機的整體，互相照顧與補位，進而則將此一團隊精神轉化提升為關懷人類社會的世界公民精神。太極門辯證性地超越了法難，而在武術氣功和美學的修煉之外，融合儒釋道哲學與普世人權價值體系，造就出臺灣心靈團體投身國內與國際公民社會從事人權與和平倡議的人間修行事業，這一歷程有如神蹟，不僅為太極門的平反打開出路，更是太極門圓滿功德的奮鬥對臺灣人民與世界人類利益的迴向。

229／Rousseau, Jean-Jacques（讓—雅克・盧梭），2003，何兆武譯，《社會契約論》，北京：商務印書館，2003年3月1日，頁182；孫向晨，2009，〈論盧梭公民宗教的概念及其與自然宗教的張力〉，《道風：基督教文化評論》，第30期，香港：漢語基督教文化研究所有限公司，2009年春季，頁130-134。

230／Rousseau, Jean-Jacques（讓—雅克・盧梭），2003，何兆武譯，《社會契約論》，北京：商務印書館，2003年3月1日，頁411。

法輪功與非暴力抗爭在中華人民共和國

——詹佳宜・東吳大學人權學程研究員

中國共產黨自一九四九年在中國取得政權至今，反抗者一批一批在政治鬥爭中被鬥倒或失去生命，雖然被中共的謊言欺騙而相信中共的人民一直存在[231]，但想要逃離或推翻中國共產黨統治的異議人士也從來沒有消失過。[232] Chin-Jou Jay Chan（陳志柔）認為，中國的社會抗議活動頻繁發生在不同的社會群體中，地點各異，訴求各異，形式多樣。然而，儘管抗議頻率高、聲勢大，但中國大多數民眾抗議都是無組織、分散和短暫的。抗議活動在二〇〇〇年代初至二〇一〇年代中期激增，而在習近平執政的二〇一〇年代中期則迅速萎縮，原因是習近平對於異議者更加強硬，尤其在 COVID-19 大流行爆發期間，中國政治和社會最關鍵的變化是專制政權加速壓制公民權利和公共領域，實現全面監控的數字化治理，透過控制

231／中國共產黨承諾給農民土地、承諾給工人工廠、承諾給知識份子自由和民主、承諾和平，如今無一兌現。一代被騙的中國人死去了，另一代中國人繼續對中共謊言著迷，這是中國人最大的悲哀，也是中華民族的大不幸。參閱九評編輯部（2004）《九評共產黨》，紐約：大紀元時報，【九評之一】：評共產黨是甚麼。

232／林秋明，〈習近平時期數位維穩政策及意涵研究（2012-2022 年）〉，《安全與情報研究》第五卷第一期，頁 103-127。

博客、社交媒體和搜索引擎，有效的杜絕了任何敏感的信息。[233]直到二〇二二年十一月爆發的白紙運動，這場運動遍及大江南北，是少數自六四事件後，以公利性質為主的非暴力反抗運動。但它的持續時間很短，也不容易看出其轉化成持續推動中國社會改變的長期動力。因此，白紙運動的曇花一現，也反映了在中國進行抗爭運動的巨大挑戰和困難。

因此如何能推翻中共暴政，至今依然是熱門話題。二〇二四年一月二十日在美國首都華盛頓，前八九學運領袖以及深受白紙運動鼓舞的海外中國青年，一起探討「非暴力抗爭」如何推行中國的民主化進程。雖然是在探討「非暴力抗爭」，但「非暴力抗爭不適用於毫無人性的中國共產黨」的看法卻也如影隨行，其觀點是「過去使用非暴力抗爭手段成功的案例，都是因他們對抗的是有一定良知的民主政府，但對於不把人民放在眼裡的中國共產黨是沒有用的。」[234]而就在這樣長期討論如何是好的大背景下，有這樣一個團體，親身實踐長達二十多年的非暴力及反迫害行動，具有持續性和韌性，也就是本文要討論的法輪功學員在中國的非暴力抗爭。

法輪功在一九九〇年代氣功熱的背景下，由中國大陸開始開展，並廣泛的傳播到世界各地，得到眾多民眾的參與。但在一九九九年七月，中共當局開始對法輪功展開鎮壓。因此中國法輪功學員以出版《九評共產黨》等書籍挑戰中共政權的合法性，並廣泛的傳播其所認知的真相等方式爭取信仰和練功自由。雖然至今法輪功在中國尚未獲得真正的自由，也就是說抗爭未成功，但對想深入研究中國的學者來說，法輪功學員在中國的活動反映了資訊不透明的中國實況，在國際上也因其行動成為了不可忽視的存在價值。法輪功在中國本土產生而歷經實踐的非暴力行動經驗二十多年，被認為是非暴力抗爭的當代典範之一。[235]

233／Chin-Jou Jay Chan（2022）.” POPULAR PROTESTS IN CHINA, 2000-2019”. In Hank Johnston, & Sheldon Zhang（Eds.）, Protest and Resistance in the Chinese Party State（pp.31-60）. Maryland：Rowman&Littlefield.

234／五岳散人（2024），《只有在中國政府付不出軍人工資時，中國才會改變：聊聊「非暴力不合作」運動在中國為什麼沒戲》，五岳散人 youtube 頻道，2024 年 1 月 21 日。https://www.youtube.com/watch?v=d6rsAtU9vtA

235／自由之家，《中國靈魂爭奪戰——習近平治下的宗教復興、壓制和抵抗》，華盛頓：自由之家，2017 年，頁 86-98。

一、非暴力抗爭三大模式

法輪功學員的抗爭行動方法上，《明慧網》上的資訊是本文主要參考文獻來源，其內容除了直接反映在中國大陸情況的第一手資料外，全球各地的法輪功學員也都會透過《明慧網》上的文章去分享自身經驗或從別人的經驗中修正自身的方法。這也反映出法輪功學員在各地的反迫害行動並無既定模式，而是透過交流經驗來調整與配合，但依然還是可以透過質性分析與歸納法，看出法輪功在中國的抗爭模式。這些資訊在中國共產黨嚴密監控且抗爭空間近乎不存在的環境下，顯得格外珍貴。

在明慧網中有「大陸資料點下載專區」，內容會隨著世界局勢的脈動或過年過節等時機，不定期更新變換資料內容。內容有法輪功的基本介紹，像是「法輪功究竟是什麼？」、「北京電視台事件」、「四二五上訪事件」、「天安門自焚真相」、「各界褒獎」等，或是被迫害的實例「法輪功學員被迫致死案例館」、「明慧統計報告」、「610的滅絕迫害政策」、「參與迫害惡人榜」等，還有相關著作如《九評共產黨》、《魔鬼在統治著我們的世界》等，也有在大陸的法輪功學員主要散發的傳單內容，像是「天賜洪福」、「祝你平安」等單張，周刊有《明慧周刊》等，也有月刊、季刊《真相》、《金種子》、《天地蒼生》、《明白》等，還有年刊《明慧國際》，也有寫上法輪功真相的年曆、掛曆等。這些內容都是法輪功學員依情況而選擇不同的資料來散發的材料。[236]

具體而言，法輪功在中國境內的非暴力行動，透過簡易的歸納大致整理出三種主要模式：「傳遞真相」、「用法律維護權益」以及「互相配合」。總體來說，方法和手段差不多，差別在於「對象」與「目標性」不同而發展出種種可能與變化。

236／明慧網，https://big5.minghui.org。

（1）傳遞真相

由於在一九九九年，法輪功被中國媒體宣傳為邪教組織，但並無法律依據來源[237]，因此在中國社會中有很多人對法輪功的認知觀念不正面，甚至持抵制或負面看法。因此，中國法輪功學員透過大面積的傳遞上述真相，引起民眾認真思考中共是甚麼？法輪功是甚麼？以下僅舉幾例。

法輪功學員會散發傳單、光盤、翻牆碼等，有些甚至還會主動接觸陌生人與其談話。通常會鼓勵民眾「三退」是講述真相的延續，也就是退出曾經加入過的少先隊、共青團、共產黨，用真名或化名退出，在精神上不認同中共並與之切割。這是法輪功學員在中國和海外非常注重的理念傳播形式。這與吉恩・夏普（Gene Sharp）的中心思想之一「權力來自對統治的服從，如果服從的根基受破壞，就能推翻暴君」有異曲同工之處，不再向極權服從的前提是先從精神上做切割。

貼真相標語也是傳遞真相的方式之一。法輪功學員會自己用白布或是打印不乾膠貼紙，寫上真相標語，例如「法輪大法好，真善忍好、電視播的都是謊言」，可能會視當下的局勢情況來做標語的調整。張貼時間可能會選在沒有人的半夜，地點會選在人多熱鬧的地方，希望讓更多人看見。中國官方背景的中國反邪教網，記載過這樣一件事例：浙江人劉重有在二〇一五年四月噴貼標語，被判刑一年七個月。[238]也反向印證了法輪功學員在中國的行動一直存在。

電話講真相，通常是「海外」的法輪功學員向中國參與鎮壓法輪功的人士勸善的管道，但中國境內的法輪功學員也會用此方式講真相。接收到這些資訊的可能是中國的法官、國保、公安、警察、獄警，也有一般民眾等等。

網路講真相。這通常也是海外的法輪功學員常使用的方式，但中國境內的學員也會使用，主要是用微信、QQ等中國社交媒體，在上面分享真相資訊或連結，但要注意不要用自動化過濾的關鍵字。雖然還是常會遇到帳號被封的情況，就需要再申請一個新帳號。

237／這部分在下面「用法律維護權益」部分會補充說明。

238／向南，〈嘉善一男子在戶外噴塗法輪功邪教標語獲刑〉，《中國反邪教網站》https://www.chinafxj.cn/n165/c127480/content.html（2023年12月5日）。

（2）用法律維護權益

江澤民在十六大的會議上發言說：「依法治國和以德治國相輔相成。」[239]習近平上任後也多次拋出「依憲治國、依法治國」[240]，二〇一五年更明訂「冤假錯案終身追責」的宣示[241]，因此全球的法輪功學員開始對一九九九年鎮壓法輪功的江澤民提起刑事訴訟，指認他是迫害法輪功的主要責任人。國際上的法輪功學員發起起訴江澤民的徵簽活動，而中國境內被迫害的法輪功學員也開始起草法律控告書，並寄到中國最高人民法院和最高檢察院。雖然並未發生審判江澤民的情況，而這樣的活動也在江澤民九十六歲過世後停止，但是在提起訴訟的流程中讓所有辦案人員了解了真相，攪動司法體系。以合法條件來爭取權益，同時讓人們思考中國領導人是否有信守自己提出的政見。

但在中國這樣的共產極權國家，直接針對最高領導人進行訴訟，是有巨大人身安全風險的。類似案例是香港法輪功學員朱柯明與北京的法輪功學員王杰，他們在二〇〇〇年向中國最高人民法院遞交控告書，對江澤民發起指控。其後，兩人都失去音訊，[242]後來王杰被迫害致死，而朱柯明被判刑五年，受盡折磨。[243]這也是本文想關注的非暴力行動的直接特徵——並非絕對安全，相反的是有絕對的死亡風險。

「用法律維護權利」還通常發生在被舉報、被監控等面臨被抓捕、抄家甚至被關押時，法輪功學員會對參與鎮壓的人員用法律觀點來進行勸善等的「反教育」行動，用柔性的方式來感動執法人員，給其一個「槍口抬高一釐米」的選擇。這樣的地點可能在審訊室、拘留所、看守所、監獄、法庭或任何與非法的執法人員對峙的地方。對於勸善無果之人，會將其的連絡資訊放明慧網「參與迫害惡人榜」中，讓國內外的法輪功學員打電話呼籲其停止鎮壓。由於曝光後的資訊有可能在國際上發酵，讓執法人員的態度有所收斂。

239／新華社（2008），〈江澤民在中國共產黨第十六次全國代表大會上的報告〉，《新華社》，2008 年 8 月 1 日。https://www.gov.cn/test/2008-08/01/content_1061490_7.htm

240／中共中央文獻研究室（2015），《習近平關於全面依法治國論述摘編》，〈中共中央文獻研究室編〉（2015 年 4 月 28 日）。

241／王夢遙（2015），〈發生冤假錯案 檢察官一律追責〉，《新京報》（2015 年 9 月 29 日）。http://politics.people.com.cn/BIG5/n/2015/0929/c1001-27645578.html

242／自由亞洲電台，〈兩名法輪功學員在控告江澤民迫害法輪功學員後至今下落不明〉，《自由亞洲電台》https://www.rfa.org/cantonese/news/42363-20001008.html（2023 年 12 月 5 日）。

當然也會直接用法律條文來進行辯護，法輪功學員提出兩點重要的法律依據，第一個是邪教組織的認定，第二是關於法輪功書籍是合法資料。因中國的法官對法輪功學員的訂罪法條來源是《中華人民共和國刑法》第三百條「利用邪教組織破壞法律實施」，但認定「邪教組織」的法律文件是二〇〇〇年四月九日中共中央、國務院和公安部聯合發布的《公安部關於認定和取締邪教組織若干問題的通知》[244]公通字（2000）三十九號文件，裡面沒有法輪功。二〇〇五年及二〇一四年又公開重申了這十四種邪教，名單中仍沒有法輪功。另外，二〇一一年胡錦濤、溫家寶執政時期，中國新聞出版總署發佈第五十號令，公佈《新聞出版總署廢止第五批規範性文件的決定》[245]，該決定廢止一九五三年至二〇〇九年間的一六一件規範性文件，其中第九九條與一百條將法輪功的禁書令給廢除了。也就是說，在大陸出版法輪功書籍是合法行為，任何中國公民都有閱讀和傳播法輪功書籍的權利。

當法官蓄意錯用《刑法》三〇〇條對於上述的辯護詞迴避或不回應，依然將其定罪時，已構成枉法裁判罪和徇私枉法罪，[246]因此判決後法輪功學員通常會選擇繼續上訴。目前看到有的法官會以「不予採納」來判其有罪[247]，也有的法官會以「證據不足」將其釋放。[248]

（3）互相配合

當有法輪功學員被拘押時，其他中國境內外的法輪功學員會用多種形式向當地官員施壓或勸善，促使該學員獲得釋放，或給其加油打氣。例如上述提到的打電話、寫真相信、主動找辦案人員講真相或是僱用人權律師在法庭上做無罪辯護

243／吳雪兒（2007），〈控訴江澤民第一人 王傑遭酷刑折磨致死〉，《大紀元》，（2007 年 7 月 3 日）。

244／中華人民共和國公安部（2000），《公安部關於認定和取締邪教組織若干問題的通知》，公通字 [2000]39 號。https://zh.wikisource.org/zh-hant/ 公安部关于认定和取缔邪教组织若干问题的通知

245／柳斌杰（2011），《新聞出版總署廢止第五批規範性文件的決定》，国家新 出版 署令。https://www.gov.cn/gongbao/content/2011/content_1960695.htm

246／一名大陸正義律師（2014），〈投書：中共蓄意錯用刑法 300 條陷害法輪功〉，《大紀元》，2014 年 12 月 29 日。https://www.epochtimes.com/b5/14/12/29/n4328721.htm

247／案例：湖北省利川市人民法院（2019）鄂 2802 刑初 510 號刑事判決書。https://zh.wikisource.org/wiki/ 湖北省利川市人民法院（2019）鄂 2802 刑初 510 号刑事判决

248／清元（2016），〈清元：無罪釋放法輪功學員案例增多說明了什麼〉，《大紀元》，2016 年 12 月 20 日。https://www.epochtimes.com/b5/16/12/20/n8609616.htm

等。同時，上述提到的傳遞真相行動前還需要「製作」，像是打印、裝訂等，有的時候製作真相資料者會與出去散發者搭配分工，相互合作。除了國內的學員互相配合，與海外學員的配合也是重要行動。除了上述提到的打電話或網路講真相，海外學員有更多形式的講真相方式，辦媒體、遊行、推行相關人權法案、開記者會、與政界、商界合作等。

二、總結

就現階段有限的整理得出以下五點結論。

1、不強調聚眾：法輪功練功者在傳遞真相的行動具有分散化、個體化的特點，可以在不同時空哪怕是監獄中進行。這是與傳統的非暴力社會運動普遍強調群體性、公開性為主的形式形成了重大差異。

2、抗爭行動針對大眾的認知：法輪功修煉者在宣講真相時所傳遞的資訊與理念最後都會引導到「勸人三退」。大多的非暴力抗爭運動會針對社會弊病用各種方式表達立場，但法輪功學員在抗爭行動中，除了爭取自身修煉自由的權益外，也積極推廣他們所認知的道德倫理價值觀以及對中共意識形態的認識。造成主觀上並無推翻中共政權的行動，但客觀上卻將人心與中共政權剝離。

3、視非暴力抗爭為信仰：學界對於非暴力的論述有兩種本質上的差異，也就是將非暴力當做「信仰」的遵守或當做「有效」的策略來看待。看似差異不大，兩者都是要抗爭，在執行上都是將非暴力的精神融合在公民不合作與社會運動中的抗爭策略裡的。但差別在於，對於將其視為「信仰」者，不管在任何時刻都會堅持非暴力；而將其當做「有效」者，則會在當認為使用暴力才更有效時，就會放棄使用非暴力抗爭。對信仰真、善、忍的法輪功學員來說，非暴力或許就是一種善的存在。

4、反迫害：法輪功學員本身會用「反迫害」一詞來表達其抗爭行動，而非「非暴力抗爭」，筆者認為「反迫害」更為貼切，因非暴力抗爭運動重點在「抗爭」，而法輪功學員則更側重「教育」，所以當遭受到不公對待時，一般的抗爭者會使用不合作來表達訴求，而法輪功學員遭到迫害後，除了採取不配合、不接受，而且還要「反教育」，更要大面積的進行真相宣傳，反過來影響國家體制的迫害機器。

5、危險性極高：像這樣的抗爭行動並非安全，反而危險性極高，直接挑戰每個人的道德底線，要選擇「良心」還是「正常的生活」。在法輪功抗爭者的經驗中，並非選擇良心就絕對的失去正常的生活，也並非選擇正常的生活就一定會有正常的生活可過。但是常常是遭受到各種迫害的損失甚至是失去生命是家常便飯。這是筆者認為法輪功抗爭者能夠在嚴密監控的中國，還能長期、有量能持續抗爭的最根本原因。

雖然法輪功目前在中國大陸仍然是受壓制狀態，但其靈活性的抗爭方式，為將來希望中國社會最終轉型的民眾，提供了一種範本，這不僅有參考意義，也可感受到中國人民質變的過程。

藏傳佛教與傳承在臺灣

——盧惠娟

一、前言

一九五九年達賴喇嘛自西藏流亡印度，各大教派的領袖幾乎都隨之流亡到印度，重建寺院和傳承。隨達賴喇嘛流亡的藏傳佛教各主要教派之傳承法脈，本文稱之為「藏傳佛教流亡法脈」。本文研究對象是藏傳佛教流亡法脈，聚焦於在臺灣的流傳與發展，與達賴喇嘛西藏宗教基金會息息相關。藉由文件分析、參與觀察與訪談，本文將從藏傳佛教流亡法脈各弘法中心與達賴喇嘛西藏宗教基金會在臺灣的合縱連橫，來理解近二十年藏傳佛教流亡法脈在臺灣的流傳與發展。與達賴喇嘛基金會未建立聯繫關係的藏傳佛教流亡法脈各弘法中心在臺灣的流傳與發展，不在本文研究範圍，可作為未來研究方向。

二、各佛學會與達賴喇嘛基金會開展合縱連橫新模式

一九九八年藏人行政中央（西藏流亡政府）在臺北成立駐臺灣辦事處，隸屬於外交新聞部，在臺灣內政部註冊為財團法人達賴喇嘛西藏宗教基金會，以民間團體的形式運作，派任駐臺灣代表作為基金會董事長及達賴喇嘛駐臺灣代表，以介紹西藏文化及弘揚藏傳佛教為基金會的任務[249]。達賴喇嘛基金會與各傳承法座及流亡寺院的住持素有往來，二〇〇八年上任的達賴喇嘛基金會董事長達瓦才仁，第一場演講先對藏傳佛教臺灣信眾說明其佛教徒心聲，這位政治人強調宗教優先：

「盧惠娟指出，達董在臺灣的第一場公開講話，是在臺北福華飯店為達賴喇嘛尊者所舉辦的慶壽會致詞；他以西藏俗諺『佛法若遭到侵害，比丘也會持矛，阿尼[250]也會跨刀』來向大家介紹尊者被迫流亡的那段歷史，也點出宗教是西藏民

族的重中之重。」[251]

二〇一〇年臺灣出現多起攻擊藏傳佛教或冒充藏傳佛教的現象，讓臺灣的藏傳佛教徒深感困擾。臺灣信眾寫信給達賴喇嘛基金會，希望基金會能有所作為以護持藏傳佛教。達賴喇嘛基金會在自己的網站聲明、在發行的《西藏的天空》雜誌刊登回覆文、主筆〈對污衊西藏佛教的回應〉供民眾及佛學會索取，也為捍衛藏傳佛教與達賴喇嘛而出面提出訴訟。經歷二〇一一至二〇一九年八年多的訴訟攻防，達賴喇嘛基金會勝訴，也因此案而成為捍衛達賴喇嘛及護持藏傳佛教的中心樞紐，得到藏傳佛教流亡法脈臺灣信眾的肯認與支持。

藏傳佛教流亡法脈各教派弘佛學會獨自運作的模式行之有年，直至二〇〇八年才開始轉變。原持續十幾屆每年夏天赴印度向達賴喇嘛請法的臺灣佛教團體，

249／跋熱．達瓦才仁：《西藏與臺灣同行：達賴喇嘛西藏宗教基金會二十週年紀念冊》，臺灣：雪域出版，2020年。

250／阿尼，藏語對出家女眾的稱呼，在臺灣稱為尼師。

251／跋熱．達瓦才仁：《玉樹，我魂牽夢縈的家鄉》，臺灣：雪域出版，2021年，頁6。

於二〇〇八年因故取消爾後的請法團。臺灣各藏傳佛教佛學會開會決議承接華人請法團，前進達蘭薩拉（Dharmsāla）聽法，成為臺灣藏傳佛教界的年度大事。各佛學中心接著籌組成立國際藏傳法脈總會（以下簡稱藏傳法脈總會），企圖組成領導藏傳各佛學會的權威機構，匯集藏傳佛教團體和信眾的能量，二〇一一年完成立案。藏傳佛教流亡法脈的各佛學會由獨立運作改為結盟，由此開展合縱連橫的新模式，而達賴喇嘛基金會則位居樞紐的關鍵位置。

三、新模式無法使四大教派結盟，仍以團結格魯派為主

參與請法團的成員以格魯派居多，以此為基礎成立的藏傳法脈總會也是格魯

派佛學會為大宗。藏傳法脈總會創會時，雖有整合格魯、寧瑪、噶舉、薩迦等四大教派的理想，但在總會組成的團體成員結構上，卻面臨寧瑪、噶舉、薩迦等教派的佛學會遠少於格魯派的困境。

以第五屆常務理事會為例[252]，十九席理事監事裡格魯派高達十一席，噶舉有兩席，寧瑪、薩迦各佔一席，五席常務理事裡有三席屬於格魯派（表一）。不論是理事監事會或是常務理事會，四大教派分布並不均衡，都以格魯派為主。

由於噶舉、寧瑪、薩迦派參與臺灣藏傳法脈總會的佛學會團體數量過少，造成常務理事會無法由四大教派團體成員組成，因此每兩年換屆的理事會選舉，由四大教派輪任理事長的規劃無法執行。檢視歷屆理事長名單及其所屬教派與佛學會（表二），第一、四、七屆仍由格魯派佛學會代表出任。可見跨教派的各佛學會雖橫向整合為藏傳法脈總會，仍以團結格魯派為主，使四大教派結盟的理想在

252／臺灣國際藏傳法脈總會（2019年5月23日），當選團體，Facebook：https://reurl.cc/A0YRjQ

表一：臺灣藏傳法脈總會第五屆理事監事團體名單表

教派	理事監事團體成員	數量
格魯	臺灣色拉傑佛學會（常務理事）、上密院臺北市佛學會（常務理事）、達賴喇嘛西藏宗教基金會（常務理事）、臺灣哲蚌洛色林佛學會、中華民國四諦講修佛學會、FPMT 護持大乘法脈基金會、中華民國阿底峽佛學會、臺灣佛教哲蚌洛色林利眾協會、中華民國果碩普利協會、臺北市甘丹東頂顯密佛學研修協會、臺灣聞思寶藏佛學會	11
寧瑪	臺灣佐欽大圓滿佛學會	1
薩迦	中華民國密宗薩迦文殊佛學會	1
噶舉	解脫協會（常務理事）、瑪倉噶舉佛學會（常務理事）	2
其他	雪域出版社、臺灣慈悲醫療團、開成禪寺、財團法人臺北市福智佛教基金會	4

表二：臺灣藏傳法脈總會歷屆理事長所屬教派與佛學會一覽表

屆別	理事長	教派	佛學會	任期
一	鍾志	格魯	上密院臺北市佛學會	2011/7-2013/6
二	黨天健	寧瑪	佐欽大圓滿佛學會	2013/7-2015/6
三	劉博文	薩迦	薩迦文殊佛學會	2015/7-2017/6
四	侯奕伶	格魯	臺北市甘丹東頂顯密佛學研修協會	2017/7-2019/6
五	何月照	噶舉	解脫協會	2019/7-2021/6
六	羅卓仁謙	噶舉	解脫協會	2021/7-2023/6
七	胡茂華	格魯	臺灣聞思寶藏佛學會	2021/7-2023/6

此合縱連橫新模式仍難以落實。

四、領導藏傳佛教流亡法脈在臺灣各佛學會的權威機構，呈多權威並列

原期待藏傳法脈總會成為領導藏傳佛教流亡法脈在臺灣各佛學會的唯一權威機構，匯集藏傳佛教團體和信眾的能量，共同為藏傳佛教在臺灣的弘傳而努力，也一起解決藏僧簽證等難題。實際發展卻演變為多權威機構並列，各個總會在不同領域成為權威領導機構。

藏傳法脈總會旨在整合各佛學會資源以使藏傳佛教法脈根留臺灣，成立之初於二〇一二至二〇一五年連續四年號召各佛學會聯合舉辦「祈請尊貴十四世恆長

住世暨全球消災祈福法會」。到印度達蘭薩拉拜訪達賴喇嘛，也積極邀請達賴喇嘛再訪臺灣。在臺灣發生災難的時刻，也帶領各佛學會流亡藏僧度亡祈福。二〇一四年高雄發生氣爆事故，藏傳法脈總會帶著藏傳佛教領袖達賴喇嘛的祝禱聲明及眾僧在災區舉辦觀音甘露祈福法會：

「藏傳僧眾的集結目的是為了高雄氣爆所造成的傷亡而特地南下進入災區現場為臺灣祈福。……此法會由四大教派共同集結，會中並由主辦單位禮請到目前在藏傳四大教派中被譽為文殊菩薩化身，未來接掌薩迦派法脈呼聲最高的『大寶金剛仁波切』特別抽空蒞臨擔任此次法會主法。」[253]

此即藏傳法脈總會大力推動的「法留臺灣，護佑寶島」佛法事業。藏傳法脈總會也是每年十月主導組織華人請法團的主辦單位，是領導臺灣各佛學會向達賴喇嘛請法的權威機構，致力於法留臺灣。

為了便利臺灣信眾修習佛法，各佛學會邀請藏僧到臺灣弘法。臺灣雖是宗教信仰自由的國家，但是長久以來臺灣政府未給予流亡藏僧與其他宗教人士相同的弘法簽證待遇，流亡藏僧至臺灣弘法的六十天停留簽證，阻礙藏傳佛教流亡法脈的法務推動。二十年來經多組織、多人接力奮鬥，向臺灣政府各部門爭取，流亡藏僧簽證的難題未獲改善。直到二〇二三年六月由不分教派藏傳佛教團體組成的藏僧簽證推動改革聯盟（以下簡稱簽證改革聯盟），致力於召開記者會、向立法委員陳情、至立法院與外交部領事事務局座談等，匯集藏傳佛教團體和信眾的能量，簽證問題才有轉機：

「參與連署的一百五十多個中心，共享這份成就。特別是以總會形式參與，包括中華佛教密乘噶瑪噶舉協會、國際藏傳佛教研究會、國際直貢噶舉臺灣總會、中華佛教直貢噶舉協會、國際藏傳法脈總會等，此外，格魯總會的成員也幾乎全部參與連署。」[254]

達賴喇嘛基金會現任董事長格桑堅參也多次為持印度旅行證件的流亡藏人來臺申請居留簽證奔走，數度與臺灣政府溝通，其訴求獲得積極回應，臺灣政府召

253／游宏琦（2014，8月9日），藏傳佛教高僧數百位集結高雄，公民新聞，取自 https://reurl.cc/l7AOZY

254／藏僧簽證推動改革聯盟（2023，8月17日），聯盟的努力有階段性成果，Facebook： https://reurl.cc/q02Ryg

開行政院跨部委會議研議解決方案。[255]面對流亡藏僧弘法簽證的難題，達賴喇嘛基金會負責與臺灣官方公事溝通，藏僧簽證聯盟團結上百團體，官民協力解決流亡藏僧弘法簽證問題，以合縱連橫的模式致力於推動改革藏僧簽證，終於在二〇二三年九月四日外交部領事事務局公布修正傳佛教僧人來臺簽證限制，流亡藏僧至臺灣弘法停留簽證可由六十天延至一百八十天。在流亡藏僧的簽證問題上，藏僧簽證聯盟扮演領導藏傳佛教各團體的權威機構角色，消弭弘法簽證不平等。

上述所舉二例，藏傳法脈總會與藏僧簽證聯盟都是使藏傳佛教法脈根留臺灣的權威總會。兩個總會與達賴喇嘛基金會的關係良好，重要活動都會邀請基金會出席指導，有合作關係。顯見此合縱連橫新模式中，多權威機構並列，以達賴喇嘛基金會為樞紐中心，各個總會在不同領域領導各佛學成為權威機構。

五、結論

近二十年，達賴喇嘛基金會與各佛學會以合縱連橫新模式共同護持藏傳佛教流亡法脈，此模式以達賴喇嘛基金會為護教弘法的中心樞紐。各佛學會結盟成立不同性質的總會，在不同領域成為領導各佛學會的權威機構，呈多權威機構並列。此合縱連橫模式交織的弘法網絡，共同推動了藏傳佛教在臺灣的傳播與發展，但仍無法使四大教派結盟。四大教派結盟有助於藏傳佛教流亡法脈在臺灣的傳播與發展，欲使四大教派結盟，需各教派捐棄己見，促成教內和諧。

255／盧惠娟：〈在臺流亡藏人的生存困境〉，台灣人權學刊 7（1），2023 年，頁 145-154。

印度教與遊樂會在香港

——林皓賢・香港中文大學體育運動科學系

一、引言

在體育運動世界，族群性與族群認同亦十分重要，體育運動往往更能建構族群的身分認同。例如自一八四一年開埠以來，歐洲人在香港開設的體育組織便是一種歐人在港象徵。然而，香港亦有少數族裔群體建立的體育組織，且歷史悠久，在族群認同上卻似呈現出不同面貌。前身為伊斯蘭遊樂會的印度遊樂會，當中包含了多個宗教族群的參與，例如創會主席為巴斯人麼地爵士（拜火教）、印度社區會員（包括伊斯蘭信仰及印度教徒），以及後來的日益增多的華人會員。透過參與體育活動，不同宗教背景的族群在俱樂部中達致社會共融，反而淡化了宗教族群的要素。本文透過香港史上印度社群的歷史與印度遊樂會的活動為觀察點，探討香港印度社群中的族群共融的特點。

二、外部世界中印度社群的宗教對立

歷史上印度教徒和穆斯林之間的關係始於十六世紀建立的蒙兀兒王朝。蒙兀兒帝國自首任皇帝穆罕默德．巴布爾（Zahīr ud-Dīn Muhammad Babur，一四八三－一五三〇）於一五二六年打敗德里蘇丹國，奠下帝國基礎開始，[256]伊斯蘭教與北印度當地的印度教、錫克教關係便是帝國統治者需要著力解決的議題。巴布爾時期利用伊斯蘭教作為帝國的政治基石，成功讓他的軍隊南侵南亞大陸；但同時又與印度教與錫克教教徒出現衝突；[257]帝國的第二及第三任君主胡馬雍（Humayun，一五〇八－一五五六）及阿克巴（Abu'l-Fath Jalal-ud-din Muhammad Akbar，一五四二－一六〇五）在後代一些史學家眼中，認為二人採取宗教寬容政策，[258]不過胡馬雍在位時蒙兀兒王室一度流亡在外，真正對印度行使有效宗教政策的還是要看阿克巴。

阿克巴在位時，蒙兀兒帝國統治者及其下來自中亞的精英已不像巴布爾時代，一心希望回歸阿富汗山區，更多要考慮扎根於南亞次大陸，而除了國內外政治形勢外，他們必須面對印度多元宗教傳統的現實問題。對於阿克巴而言，採取宗教多元政策，開放政權予異教信仰者（包括印度教徒及錫克教徒等），有助於中央集權及爭取本土精英的支持，甚至增加帝國收入。[259]故此，阿克巴將蒙兀兒帝國的「正當」宗教漸次由以蘇菲派伊斯蘭教為主轉變為多宗教共存的局面。[260]然而，在十七世紀中期以後，蒙兀兒帝王奧朗則布（Aurangzeb，一六一八—一七〇七）改

256／Percival Spear, A History of India 2 (Middlesex: Penguin Books Ltd, 1985), pp22-23.

257／Balbinder Singh Bhogal, "Text as Sword: Sikh Religious Violence taken for Wonder," in John Hinnells, Richard King eds., Religion and Violence in South Asia: Theory and Practice (London : Routledge 2006), pp. 101-130.

258／齊世榮、吳于廑主編，劉祚昌、王覺非編撰，《世界史．近代史編》，北京：高等教育出版社，2009年，頁225-226。事實上，第二代的胡馬擁更多是熱衷於自身的信仰而非利用信仰解決帝國問題，加上他在位時大多時間流亡在外，因此所謂的宗教寬容政策是有疑問的。

259／孔德維，〈對話的成本：蒙兀兒帝國皇帝阿克巴案例與宗教對話〉，《臺灣宗教研究》，2024年12月，未刊稿。

260／孔德維，〈對話的成本：蒙兀兒帝國皇帝阿克巴案例與宗教對話〉，未刊稿。

變了阿克巴的政策，[261]強迫印度民眾改信伊斯蘭教，遂塑造以宗教為動員力量的民族主義。這種宗教迫害政策，使印度次大陸上的印度教社區和穆斯林社區彼此敵視，[262]到了英國殖民時期，印度穆斯林發現他們失去政治權力和社會特權，甚至成為印度社會的少數社群。[263]在政治方面，他們被異教徒統治，在宗教方面，印度教徒壓倒他們。[264]他們必須處理這種在政治、社會、宗教領域徹底的轉變。

從東印度公司和英國人的到來開始，印度教徒和穆斯林之間的關係進入了新的衝突階段。這個時期宗教社群主義的出現是顯而易見的。[265]一九四七年八月，英國同意印度獨立，導致英屬印度分裂為印度和巴基斯坦（東巴基斯坦後來成為孟加拉國）。這種情況導致暴力升級，估計造成一百萬人傷亡，約一千五百萬人流離失所。印度和巴基斯坦此後一直處於敵對關係，導致印度伊斯蘭教、印度教、錫克教三大教派之間時而發生衝突及流血事件。這些情況一直持續到今天。[266]

261／阿克巴的宗教政策讓不同宗教的群體在一定程度得以在帝國的統治下共存，但是這些政策是與其統治威望、軍事力量及政治集權等多方面的因素才能成功推行的。在當時的帝國統治階層氛圍始終以正統派穆斯林為主。故此阿克巴體制在奧朗則布即位後迎來終點。奧朗則布十分重視其遜尼派穆斯林的身分，在位期間以其虔誠與宗教熱情推翻阿克巴時代的多元共存政策，將帝國定位為純粹的伊斯蘭教國家。參孔德維，〈對話的成本：蒙兀兒帝國皇帝阿克巴案例與宗教對話〉，未刊稿。

262／Percival Spear, A History of India 2 (Middlesex: Penguin Books Ltd, 1985), pp56-60.。

263／黃柏棋，〈印度宗教社群主義之反思：以穆斯林和印度教徒之間的關係為例〉，《臺灣宗教研究》2卷2期（2003）：93。

264／同上。

265／社群主義通常都是關心公共利益與個人利益如何得到平衡，例如麥金太爾探討現今道德災難的條件與根源時，認為個人主義推促人們想將自己從社群中分解出來一種「痛苦的幻覺」，而人們透過道德身分生活於社群之中回答甚麼是生活中的善，實踐道德行為來達到個人利益與公共利益的統一，個人幸福與社群興盛的目的；或是貝拉認為個人美好生活與社會共同利益是有密切關係，認為家庭是延續社會道德的重要機制，而個人美好生活是可以包括在家庭在內；參卜松山，〈社群主義與儒家思想〉，《二十一世紀》，1998.8: 99-101。根據此，印度的宗教社群主義是將個人與宗教社群連成一體，印度教徒與穆斯林各自對自己的宗教效忠並打擊對方，以達致個人的幸福與社群的集體利益。

266／BBC News，〈印巴分治：75年前英屬印度為什麼被分而治之？〉，BBC News 中文（https://www.bbc.com/zhongwen/trad/world-62518595，2022. 08.15）。

三、香港印度社群的源流及社群形成

香港是多元種族社會，英國在一八四一年殖民香港，是外國宗教前來紮根，並且發展成為香港社會文化結構一部分的重要契機，及至十九世紀末，香港已成為世界眾宗教的集中地。外國宗教的傳入途徑有兩種，分別是由英國殖民主直接帶來，和乘英國殖民管治之利而來。[267] 自十八世紀起，印度是中英貿易的重要一環，主要商品是棉、絲綢、茶葉和鴉片，尤其後者，一方面因為中國需求大，另一方面印度是鴉片出產地。中英貿易最初是由東印度公司（East India Company，一六〇〇—一八五八）壟斷，[268] 於一八三四年以後開放予其他英資公司，例如渣甸洋行（Jardine, Matheson & Company，今天怡和洋行）就在這個時候在印度設辦事處，並與早已定居印度的巴斯商人發展合作關係。[269]

除了巴斯商人外，當時巴格達的猶太商人如沙宣家族（Sassoon）及嘉道理

（Kadoorie）家族，也跟隨他們的英國合作伙伴移居印度，拓展貿易機會。[270]在貿易活動上，商人都會聘用印度人（包括印度教徒和錫克教徒）以及南亞的穆斯林在商船上工作，作為水手、士兵等等。於是，伊斯蘭教、印度教、拜火教及錫克教等隨中英印的三角貿易網絡傳入香港。[271]

印度族群與香港發展的關係非常密切，一八四一年，當英軍在今天水坑口街舉行升旗禮時，最少有二千七百名印度士兵和四名印度商人在場見證；[272]到一九一〇年代，人口已經突破二千。[273]他們一大部分是來當士兵和警察，協助英

267／李樹甘、羅玉芬主編，林皓賢、黃樂怡，《宗教與香港：從融合到融洽》，香港樹仁大學商業經濟及公共政策研究中心，2017年，頁226。

268／高馬可著，林立偉譯，《香港簡史─從殖民地至特別行政區》，（香港：中華書局，2013），頁25及

269／李樹甘、羅玉芬主編，林皓賢、黃樂怡，《宗教與香港：從融合到融洽》，頁227。。

270／高馬可著，林立偉譯，《香港簡史─從殖民地至特別行政區》，頁47-48。

271／李樹甘、羅玉芬主編，林皓賢、黃樂怡，《宗教與香港：從融合到融洽》，頁227。

272／丁新豹、盧淑櫻，《非我族裔─戰前香港的外籍族群》，（香港：三聯書店，2014），頁146。

273／丁新豹、盧淑櫻，《非我族裔─戰前香港的外籍族群》，頁159。

國人維繫華人秩序，[274] 故這批印度人接受過一定軍事訓練，當中有後來參與第一次世界大戰的「第二十六旁遮普軍團」（26th Punjabis）。[275]

最先在香港植根的巴斯是巴倫治（Phallanjee），於一八四一、一八四二年跟隨英國貿易伙伴，把廣州的貿易公司遷到香港。最早在香港植根的非華裔穆斯林是 Seth Ebrahim Noordin，來自印度的什葉派信徒，什葉伊斯蘭教因而植根。稍後前來的巴斯商人包括麼地（Mody）、旭龢（Kotewall）、碧荔（Bisney）和律敦治（Ruttonjee）家族，他們乘英國殖民之利，在香港設立貿易公司，有利支援、協調、拓展對華貿易。[276]

英國的殖民形式屬於精英管治，由少數英國人管治大多數華人。由於對華人的忠誠有保留，殖民地政府從其他地方調配、招聘人手，協助管理香港，例如從英屬印度殖民地（一九四七年及以後，印度殖民地分裂而相繼獨立，成為今天的印度、巴基斯坦和孟加拉）直接帶來印度教、伊斯蘭教和錫克教信徒，擔任治安、防務等工作。[277] 錫克教徒更是香港警隊（一八四四年成立）的主要人手。大多數的印度僱員選擇落地生根，他們的下一代，在本地接受英式教育之後，通常加入政府工作。對於巴斯，在地理優勢之外，英屬香港為他們提供相對開放及穩定的營商環境。[278]

四、印度遊樂會的建立與多族共融

香港的印度人體育組織可以追溯至十九世紀末期，當時一班就讀英皇書院的

274／丁新豹、盧淑櫻，《非我族裔—戰前香港的外籍族群》，頁 146-147。
275／丁新豹、盧淑櫻，《非我族裔—戰前香港的外籍族群》，頁 187-189。
276／李樹甘、羅玉芬主編，林皓賢、黃樂怡，《宗教與香港：從融合到融洽》，頁 227。
277／李樹甘主編，羅玉芬、林皓賢著：《香港宗教與社區發展》，香港：香港樹仁大學商業經濟及公共政策研究中心，2017 年，頁 161。
278／同上。

印度學生組織伊斯蘭田徑會，希望有助學生進行體育訓練及提升運動成績。[279]其中一名會員阿卜杜勒．馬吉德．蘇菲亞德在一九〇〇年贏得了六項中學體育比賽，包括保羅．查德爵士挑戰盃、貝森．萊特杯和校長杯。[280]伊斯蘭田徑會的成員後來在畢業後決定成立伊斯蘭遊樂會，並在銅鑼灣波斯富街租下一個公寓作會址，但由於地方有限只能放有一張乒乓球枱。一九一〇年，伊斯蘭遊樂會獲分配了黃泥涌運動場A2區的使用權，每個星期日都可以使用，因此他們能夠定期進行更有組織的板球及足球比賽。[281]可是到一九一七年，遊樂會向政府申請租用固定的體育場地但被政府拒絕，由於苦無場地遊樂會只好暫時解散。部分伊斯蘭遊樂會板球隊成員則獲公務員板球會在星期日借出場地使用。後來，前伊斯蘭遊樂會的一些成員得到港督梅含理私人秘書的協助，請求工務局重新審議借用運動場地的申請。因應申請需要是以組織為單位，故此伊斯蘭遊樂會成員再次組織體育會，名為印度遊樂會，主席是印度商人麼地爵士（正是在香港大學校史常提及有分創辦香港大學的那位巴斯商人）。[282]

在選擇地方時，印度遊樂會一名會員曾在掃桿埔咖啡園附近參與體育活動，故向印度會推薦此地作為會址，並獲政府批准使用。當時印度會本想建設一個可用作板球、網球和草地滾球的草地球場，由於維護足球場成本太高，於是最後放棄興建足球場。一九一九年下半年，印度會建造了一個草棚作為會所並開始籌備板球場及其擊球區。[283]同年的十一月十六日，印度會在該草地舉行第一次板球比賽，由該會對戰香港大學板球隊，最終由客隊獲勝。[284]

在印度遊樂會擁有固地場地後，該會有不時更新場地設施，如一九二三年與建一個草地滾球場、兩個網球場和板球場。一九三三年九月，遊樂會委員會一致批准遊樂會成立女子隊，使女性亦能使用印度會的場地。他們推廣運動為目標，包括草地滾球、網球、羽球、板球和足球等等。[285]

279／Indian Recreation Club, Indian Recreation Club 100th Anniversary, (Hong Kong: Indian Recreation Club, 2017), p. 19.
280／同上。
281／同上，p 20.
282／同上。
283／同上，p21。
284／同上。

在當時成立印度遊樂會的會章中，特別提及以下一段：

"The Club's history reveals that the distinguished Indian gentlemen who were instrumental in helping guide their young Indian proteges in gaining the Colonial Government's support were also the Club's founders and most generous benefactors who continued their support for the young Indian sportsmen over many years."（「俱樂部的歷史表明，那些在幫助指導年輕的印度弟子獲得殖民政府支持方面發揮了重要作用的傑出印度紳士，也是俱樂部的創始人和最慷慨的捐助者，他們多年來持續支持年輕的印度運動員。」）[286]

To promote the games of Cricket, Tennis, Lawn Bowls and other sports and pastimes, and social intercourse among the residents of Hong Kong irrespective of race, nationality or creed.[287]（推廣板球、網球、草地滾球及其他運動和消遣活動，以及香港居民之間的社交交往，不論種族、國籍或信仰。）

'Indian' means any person of Indian origin or descent notwithstanding any subsequent change of nationality.[288]（「印度人」是指任何具有印度起源或血統的人，

無論其國籍隨後發生變化。）

'Malay' means any person of Malay origin or descent notwithstanding any subsequent change of nationality.[289]（「馬來人」是指具有馬來起源或血統的任何人，無論其國籍隨後發生變化。）

'Pakistani' means any person of Pakistani origin or descent notwithstanding any subsequent change of nationality.（「巴基斯坦人」是指任何具有巴基斯坦起源或血統的人，無論其國籍隨後發生變。）

一九四七年以後，印度遊樂會仍然是以體育作為主要業務。香港的印度社群

285／同上，p22-23。

286／The Companies Ordinance (Chapter 622), (Company Limited By Guarantee And Not Having A Share Capital), Articles Of Association Of Indian Recreation Club. Https://Indianrecreationclub.Com/About-Irc-Articles-Of-Association/, 2017. 12. 28.

287／同上。

288／同上。

289／同上。

雖然來源駁雜，但印度遊樂會透過體育活動積極與外界聯繫、合作，使不同宗教族群在這裡拋開外面的宗族社群主義。現時印度遊樂會的管理層照片可以看到，該會管理層亦有印度教徒、錫克教徒及伊斯蘭教徒的成分。會章雖然亦表明，印度人、馬來人、巴基斯坦人，顯示會員有不同的南亞裔成份，但同時亦指明不論是甚麼國籍、不論種族、信仰，藉由板球、網球、草地滾球及其他運動和消遣活動推動香港居民之間的社交交往，據筆者向遊樂會了解，現時印度遊樂會華人會員比例佔了多數，更顯出其多元民族的特點。此外，每年香港體壇盛事「香港國際七人欖球賽」，印度遊樂會亦會按需要借出場地供大會作招待及賽事運作之用。由此可見，印度遊樂會在香港可說是真正做到以體育實現共融。

五、香港印度族群共融與體育的關係

在香港，不論是印度人、菲律賓人、印尼人、或其他來自東南亞及南亞地區的人士，統統被籠統地歸入為南亞裔人士。有此看法很大程度是因為香港總人口超過九成為華人，其他族群在香港都會成為少數族裔。對於本地華人而言較難區分這些類近地域族群的分別。不過，如果香港有像前文所說印度教與穆斯林在印度歷史上的衝突問題，可能並不會將這些族群分類得如此模糊。然而，中外族群在香港的活動看來很少強調其宗教特質，有別於宗教在世界的情況，分別是小眾宗教族群能融入香港社會，成為社會發展的動力，以及宗教社群之間能融洽相處，展開定期對話，未如其他地方般出現不愉快、衝突。究其原因，如羅玉芬指出，從客觀背景而言，中外族群植根香港的原因有很多，但宣揚宗教相對不是最重要，因為大部分移居香港的信徒並不是以宗教身分到來。他們之所以選擇香港，主要是它的高度開放、包容的政治及社會文化結構，給予他們發展機會。宗教對他們來說，是維繫身分認同、凝聚同伴，和建立社交網絡的用途。因此，不同的宗教社群比較願意尊重、遵守既有的社會秩序，與東道主和其他宗教族群共處。[290]

另一方面，亦與族群本身為了社會融合，即是在社會尋找、建立有用的角色，不致於淪為邊緣族群、被忽略的一群有關。[291]從印度遊樂會的前身，伊斯蘭田徑會的創會成員可以看到，本身就讀於英皇書院的學生透過體育凝聚同族同學。英皇書院本身為港英殖民地政府設立的官方書院，主要為香港的華裔及印度裔學生提供英文教育，以進入當時英國在遠東的唯一的一所大學——香港大學。在殖民地英式教育的背景下，學生亦有豐富的課外活動[292]，再加上當時學生人數並不多（一九〇〇年，全校人數大約九十五人[293]），如果從當時社會人口以華人為主情況而言，印度社群的學生人數可能相對較少，而當有印度裔學生在學界體育比賽中獲得優異成績時，透過體育活動凝聚校內同族社群看來有其社會背景。

另外，香港本身從沒有以宗教治理的歷史。從歷史觀察而言，宗教衝突多發生在那些曾經以宗教為治國原則的地區，例如上文提及的印度、以及中世紀歐洲、東南亞。而開埠以來，香港作為轉口港，外來族群來港主要原因多為商業因素，外來族群更不會因為宗教原因而破壞既有的和諧而影響大家的利益，於是，在原生地宗教本身可作為凝聚向心力的工具，在香港反而並沒有太大作用而被淡化，在西式教育影響下，反而體育成為了另一個凝聚族群身分的途徑。隨著社會發展，族群的血源、地域分野亦慢慢淡化，從上文所引遊樂會的會章可以看到，在印度遊樂會內部，民眾的界限十分模糊，對於來自不同地方的會員，不論你是哪一地區，都可以成為「印度人」（文化上）。另外，從印度遊樂會的會章及其自行刊印的百周年刊物來看，印度會很少強調會員的族群問題，反而強調體育活動為主，亦鼓勵不同背景的會員參與會方的舉辦的各項活動，包括體育類還是會方舉辦的各種宴會派對，[294] 最重要是大家能融洽參與。

290／李樹甘、羅玉芬主編，林皓賢、黃樂怡著，《宗教與香港 - 從融合到融洽》，香港：香港樹仁大學商業、經濟及公共政策研究中心，2017 年，頁 274。

291／同上。

292／King's College, History Leaflet, https://www.kings.edu.hk/school-history.

293／同上。

294／Indian Recreation Club, Indian Recreation Club 100th Anniversary, (Hong Kong: Indian Recreation Club, 2017)；另外，從會方官方網站的活動照片庫中，亦可看到這種特點： Indian Recreation Club, "Photo Gallery", https://indianrecreationclub.com/photo-gallery/.

六、小結

遊樂會的前身雖然曾以「伊斯蘭」為名，不過，當遊樂會正式成立，並改以「印度」為名後，其宗教特徵便大大淡化，特別留意，首任的會長麼地爵士本身正是拜火教徒。二戰後，印度遊樂會在香港除了推廣板球、網球、草地滾球等其招牌活動外，更積極利用體育活動聯結族群、融入社區，宗教異同的因素在印度遊樂會的痕跡幾乎並不存在，餘下的只有不同族群成員一同參與康樂體育活動。

伊斯蘭與教育在香港

——霍揚揚．香港中文大學歷史系

一、引言

本文旨在探討戰後香港現代華人伊斯蘭教育的發展和沿革，以及了解當代香港華人穆斯林社群在發展現代伊斯蘭教育時所面對的困難。

宗教教育對於宗教身分的建構和傳承至關重要。完善的宗教教育體系能確保年輕一代能夠學習到足夠的宗教知識，也讓他們了解宗教的教義以及如何在日常生活中實踐他們所理解的教義。透過這個學習和實踐的過程，年輕的穆斯林能夠建立對伊斯蘭的認知以及對宗教社群的歸屬感，也影響著整個穆斯林社群長遠的發展機會和生存空間[295]。

295 Tan, Charlene. Reforms in Islamic Education. 1st ed. (London: Bloomsbury Publishing Plc, 2014); Franken, Leni. "Islamic Education in Belgium: Past, Present, and Future." Religious Education 112, no. 5 (2017): 491-503.

雖然伊斯蘭在香港是一個小眾宗教，但香港現代伊斯蘭教育卻可上溯至一九二九年落成使用的「中華回教博愛社」（下稱博愛社）義學校[296]。該小學是香港首間由華人穆斯林社群所創立的學校，乃是香港現代華人伊斯蘭教育的濫殤。到了今天，由香港華人穆斯林社群所創立的伊斯蘭學校，已經成為了香港主流教育制度的一部分，不但設有小學，同時也設有幼稚園和中學，校址遍及港九新界各區，而服務對象也不局限於華人穆斯林，還包括了非華裔的穆斯林，後者在近年更成為了本地伊斯蘭學校的主要生源[297]。

這歷史演變過程，體現了戰後本地華人穆斯林為融入香港主流社會所作出的努力和嘗試，但戰後本地華人穆斯林社群在推動伊斯蘭教育方面，仍面對著不少的困難。例如入讀本地伊斯蘭學校的華人穆斯林的新生數目，自一九七〇年代起便不斷下降，使到本地伊斯蘭學校出現收生不足的情況[298]。為了改善收生不足的問題，本地華人穆斯林學校採用了新的收生策略，轉而吸引非華裔的穆斯林學生報讀，華人穆斯林學生的比例也因此進一步下降。與此同時，有志從事伊斯蘭宗教研究和擔任宗教職務的本地華人穆斯林，則更加是寥寥可數。這反映的是本地華人穆斯林社群在宗教傳承上出現了青黃不接的「斷層」問題，對本地華人穆斯林社群的發展承傳帶來了負面的影響。

296／霍揚揚，《獅子山上的新月：香港華人穆斯林社群的源流和傳承》，臺北：秀威資訊科技，2020年；湯開建、田映霞，〈香港伊斯蘭教的起源與發展〉，《東南亞研究》6 (1995)，頁 48-56；湯開建，〈兩次戰爭時期香港穆斯林的發展與變化〉，《東南亞研究》6 (1996)，頁 57-60。

297／霍揚揚，《獅子山上的新月：香港華人穆斯林社群的源流和傳承》；馬健雄，〈導言：港英時期香港回民的社會生活〉，脫新範、姚繼德、馬健雄編《香港回民史料概覽 1917-2017》，香港：香港科技大學華南研究中心，頁 19-50。

298／霍揚揚，《獅子山上的新月：香港華人穆斯林社群的源流和傳承》。

二、戰後華人穆斯林的宗教教育發展（一九五〇年代至一九七〇年代）

香港在一九四一年十二月被日本佔領，香港首間伊斯蘭小學「中華回教博愛社義學校」（下稱「小學校」）被逼停學，直至戰後的一九四五年三月才復課。原位於灣仔的校址受到戰火破壞，加上戰後初期各項物資短缺；因此小學校只能在臨時的校舍開設小學部並設一、二、三、四年級新生各一班。

戰後本地華人穆斯林領袖如馬瑞祥、張廣義、薩兆經、脫維善等人成立了重建委員會，來重建因戰火而被破壞的中華回博愛社社址[299]。直至一九五三年，四層高的社址在灣仔陳東里原地重建，頂層用作禮拜殿，而下三層則作為小學校舍。小學校的面積比以往大，並有足夠的空間運作一間擁有小一至小六共六個班級的完全小學，學生人數約二百人，辦學規模明顯比戰前有所擴張[300]。

戰後香港迎來了大量從內地南下的移民，包括了從大江南北各地來到香港的華人穆斯林教胞。隨著戰後香港華人穆斯林人口的上升，對於伊斯蘭基礎教育的需求有增無減，復課後的小學校剛好填補了本地教育制度在這方面的空缺。自創校以來，小學校的開支基本都是由博愛社和本地穆斯林教胞的捐款所支持的，小學校也為清貧的穆斯林學生提供半費和全費的學費資助。

雖然，小學校是一間伊斯蘭小學，但小學校也接收非穆斯林學生就近入讀。在一九五七年時，穆斯林學生約佔全校學生總人數的50%[301]。但是隨著戰後灣仔區附近的官立和其他津貼小學相繼落成，小學校的入學人數也開始下降。本地華人穆斯林領袖如脫維善等人也明白到，為了小學校畢業生的前途著想，小學校需

299／馬健雄，〈導言：港英時期香港回民的社會生活〉，《香港回民史料概覽 1917-2017》，頁 19-50；華回教博愛社，《中華回教博愛社金禧紀念特刊：1929-1979》，香港：中華回教博愛社，1979 年。

300／馬健雄，〈導言：港英時期香港回民的社會生活〉，《香港回民史料概覽 1917-2017》，頁 19-50；中華回教博愛社，《中華回教博愛社金禧紀念特刊：1929-1979》；中華回教博愛社：社址重建特刊》，香港：中華回教博愛社，1999 年。

301／中華回教博愛社，《中華回教博愛社金禧紀念特刊：1929-1979》。

要成為受政府資助及認可的主流學校，這樣小學校畢業生才可以參與政府舉辦的統一升中試，並升讀主流的中學。再者，若把小學校轉為政府津貼學校，則可為小學校帶來穩定的財政支援。

因此，時任小學校校董會主席脫維善，決定向政府申請把小學校在一九六七年轉型為受政府津貼的小學[302]。這舉措意味著小學校需要受到政府教育司署的規管，小學校的課程也而要被修訂以符合政府的統一標準。所有任教老師也需要重新接受師範教育，通過考核並獲得「檢定教員」資格後，方可繼續留校任教；作為宗教領袖的阿訇也不能再隨意成為小學校的老師在校授課。博愛社聘用了退休教育官周乃聰擔任改制後的首位校長，自此小學校步入了全新的時代，成為了一所受政府規管及認可的主流小學。

小學校成為政府津貼學校後，博愛社阿訇如張廣義等宗教領袖便漸漸退出學校的教務，轉而集中負責博愛社社內的宗教事務，學校的日常運作則改由專業的校長和老師團隊負責。改制後的小學校，學務及宗教事務劃分更為清晰，小學校的畢業生也能夠參與政府舉辦的升中派位考試，以考取官立及津貼中學的學位。

然而，當時香港只設有伊斯蘭小學，並沒有伊斯蘭中學予本地穆斯林升學就讀。為了解決年輕穆斯林教胞的升學問題，博愛社便開始著手在香港籌辦一間伊斯蘭中學。博愛社時任主席脫維善牽頭成立了伊斯蘭中學籌建委員會，並且展開興建伊斯蘭中學的籌款工作[303]。

一九六二年，政府同意撥地予博愛社興建伊斯蘭中學，中學校址設於香港島北角雲景道。籌建委員會向各全港穆斯林教胞募捐以及舉辦粵劇義演來籌款，籌得約四十六萬；配合政府的補助金及免息貸款約一百六十九萬，最終為建校工程籌得約二百三十三萬，而建校總開支則約為二百三十一萬[304]。

一九六九年，伊斯蘭中學組成了校董會，由時任博愛社主席脫維善擔任第一任校監。該校最終被定名為「伊斯蘭英文中學」，並在一九七〇年九月開課。

302／中華回教博愛社，《中華回教博愛社金禧紀念特刊：1929-1979》。
303／伊斯蘭英文中學，《伊斯蘭英文中學建校紀念特刊》，香港：伊斯蘭英文中學，1974年。
304／伊斯蘭英文中學，《伊斯蘭英文中學建校紀念特刊》。

為了照顧學生的實際升學和就業需要，學校以英文為主要授課語言[305]。全校學生會被分配至以伊斯蘭主要道德核心價值[306]命名的六個社：公正（ADLU）、英明（HAKEEM）、慷慨（KAREEM）、光明（NOOR）、崇高（RAFFEA）以及廣博（MASAIA）。伊斯蘭中學的課程結構則與當時香港其他主流文法中學基本一致，並加設伊斯蘭科，教授學生有關《古蘭經》和阿拉伯文的基本知識。

伊斯蘭科的教學宗旨是引導學生以伊斯蘭作為道德的指引和學習伊斯蘭的生活方式，以及讓穆斯林和非穆斯林學生都能夠對伊斯蘭有正確的認識。學校每週五中午都會在學校的禮堂舉行「主麻」（Jumu'ah）聚禮，教導穆斯林學生禮拜禮儀。這些伊斯蘭宗教元素都是伊斯蘭英文中學獨特的辦學特色。

自一九七九年起，伊斯蘭英文中學獲政府批准分階段由私立中學轉為政府津貼中學，並在一九八五年九月全面改制為津貼學校。

創校初期，伊斯蘭英文中學是北角區主要的英文中學，學生也多以華人為主，學生不論是否穆斯林皆可申請入讀該校。博愛社小學的小六畢業生則可獲免試保送到該校升讀中一。

三、自一九七〇年代起華人伊斯蘭教育轉型的嘗試

伊斯蘭英文中學的開辦為博愛社小學提供了升讀中學的途徑，但華人穆斯林學生人數減少的結構性問題，卻開始漸漸浮現。

在一九七〇年代，香港政府大力推動本地基礎教育的發展，在全港各區增建全日制小學。港府更在一九七一年實施六年免費小學教育的政策；後在一九八〇年把相關政策深化為九年制的小學及初中強制性教育，大幅度增加本地小學和中學學額，讓所有適齡學童均能接受免費的基礎教育[307]。

305／伊斯蘭英文中學，《伊斯蘭英文中學建校紀念特刊》。
306／伊斯蘭英文中學，《伊斯蘭英文中學建校紀念特刊》。
307／香港政府布政司署，《香港的教育制度：香港教育制度全面檢討》，香港：香港政府布政司署，1981 年。

在這社會背景下，博愛社小學校所處的灣仔區出現了不少新的全日制小學，而小學校因為面積所限，只設有三個課室，各項體育和圖書館設施也比不上區內其他新建成的小學，根本不具備轉型為全日制小學的條件。

面對同區其他新小學的競爭，博愛社小學校的入學人數在一九七〇年代以降便拾級而下，華人穆斯林學生的人數也呈下降的趨勢。據博愛社的社務文件顯示，一九五七年時該校的「中國籍的回民子弟」學生人數佔全體學生的50%，到了一九七八年時則只佔7%[308]。

造成此局面的另一個原因，是華人穆斯林家庭結構也隨著香港經濟的高速發展而改變。博愛社小學校校方的報告指出，自一九七〇年代「回民家庭遷往別區居住的很多，形成以前集中的，如今分散開」[309]。開埠早期來港的華人穆斯林都習慣聚集而居，以清真寺作為日常生活的核心。來自廣州一帶的華人穆斯林大都聚居在灣仔，以博愛社作為宗教活動的核心場所；而戰後初期來港的華人穆斯林則多聚居在九龍半島的尖沙嘴，以位於彌敦道上的九龍清真寺為主要的宗教活動中心。這種華人穆斯林社群各據維多利亞港兩岸的「雙核心」模式，在一九七〇年代後期出現了結構性變化[310]。

灣仔區作為港島最早發展的華人社區，在一九七〇至一九八〇年代之間經歷了急劇的都市更新過程，大量戰前的建築物被拆除，例如以往有為數不少華人穆斯林工作的香港電車廠和南洋煙廠，也相繼被拆卸重建成酒店和商廈，不少原本聚居在當區的華人穆斯林家庭，因市區重建和新市鎮發展而陸續遷離灣仔區。

及至一九七〇至一九八〇年代，很多華人穆斯林家庭的社會經濟地位已經比戰後初期大為改善，他們工作的地點也不再限於灣仔區附近，他們也有足夠經濟能力購置新的居所而不需要聚眾而居。

凡此種種都使到群居在灣仔的華人穆斯林人數大減，自然使到華人穆斯林適齡學童的數目不斷下降。此外，香港作為一個高度世俗化的資本主義社會，隨著

308／中華回教博愛社，《中華回教博愛社金禧紀念特刊：1929-1979》。
309／中華回教博愛社，《中華回教博愛社金禧紀念特刊：1929-1979》。
310／馬健雄，〈導言：港英時期香港回民的社會生活〉，《香港回民史料概覽 1917-2017》，頁 19-50；霍揚揚，《獅子山上的新月：香港華人穆斯林社群的源流和傳承》。

華人家庭社經地位的改善，很多華人穆斯林父母本身也因工作繁重而沒有嚴格執行伊斯蘭的禮儀，例如每天需要做「五番拜」，每週五參加「主麻」聚會等。他們本身對於伊斯蘭知識的理解和認知也未必很全面，能直接傳授予子女的宗教知識也相當有限，本地華人穆斯林家庭對於伊斯蘭教育的重視程度也有所下降。

華人家庭傳統上重視子女教育和仕途發展，在處理子女教育事宜時多傾向採取較務實的態度。為子女選擇學校時會以學校的公開試成績及大學入學率等作為重要的參考指標，學校是否具伊斯蘭背景或能否提供伊斯蘭教育並不是主要的考慮因素。在各種因素交錯作用下，位於灣仔的博愛社小學校的收生人數逐年下降，最終在一九八〇年時被逼結束學務，時任校長劉有信阿訇也宣告退休[311]。

然而，灣仔博愛社小學校的結束，並不代表博愛社放棄在本港的辦學事業。博愛社有見灣仔區的適齡學童人數不斷減少，自一九七〇年代後期便積極在市區以外的新市鎮籌辦新的伊斯蘭小學，以迎合新市鎮人口的需求。

博愛社選擇了新界西北的屯門新市鎮建立新的「伊斯蘭小學」，來取代已停辦的灣仔博愛社小學校。新的伊斯蘭小學在一九八〇年落成啟用，當年的屯門新市鎮正處於高速發展的時期，大量人口從香港各地遷移至該地，對基礎教育的需求甚殷。在這情況下，屯門「伊斯蘭小學」在創校初期的收生成績不俗，並以華人學生為主，而且因學生眾多，需要分上下午校來上課，小一至小六每級各設四班來應付需求[312]。

與此同時，為了讓伊斯蘭小學能夠有較穩定的收生來源，博愛社也開辦了伊斯蘭幼稚園，希望能在香港建立一個能涵蓋幼稚園、小學和中學的「一條龍」伊斯蘭學校系統。博愛社在一九八〇年至一九九〇年代期間前後共創辦了四間幼稚園，主要位處新界地區的新市鎮如屯門、青衣和天水圍以吸納新市鎮的生源。

但到了二〇〇〇年代，全港整體的適齡學童的人數不斷下降。根據政府的統計數字，二〇〇一年全港的就讀小學或以下程度學校的人數約有七十五萬人，在二〇一一年時則只剩下約五十萬人。適齡學童減少的大趨勢，也開始影響博愛社

311／中華回教博愛社，《中華回教博愛社：社址重建特刊》。
312／中華回教博愛社，〈伊斯蘭學校開幕〉，《回民通訊》（香港），1982年8月15日。

旗下幼稚園和小學的收生人數，並面對停辦的危機[313]。

為了增加新生人數，兩間伊斯蘭小學開始積極招收非華裔如印度裔、巴基斯坦裔及尼泊爾裔的穆斯林學生。這代表了博愛社在一定程度上改變了其辦學策略，辦學的服務對象擴展到不同族裔的穆斯林社群。這一方面是實際社會環境局限所造成的結果，學校需要拓展的新生源方可持續發展；另外一方面也拓展了博愛社辦學服務的服務範圍，讓香港不同族裔的穆斯林，能夠擁有接受正規現代伊斯蘭教育的機會。

非華裔穆斯林學生的增加，也折射出非華裔穆斯林和華人穆斯林家庭在宗教教育理念上有著不同的看法。非華裔穆斯林家長相對地較重視子女的伊斯蘭教育，在選擇學校方面較傾向於能提供伊斯蘭教育的學校，希望子女能夠在伊斯蘭宗教的氛圍中學習。至於華人穆斯林家長則較重視學校的公開試和升學率的表現。伊斯蘭小學錄取更多非華裔學生後，這些非華裔學生礙於中文的語言能力較薄弱，再加上其他各項文化和社會結構因素，使到他們整體的升中試成績表現，比其他以華人學生為主的主流學校相對遜色，同時減低了華人穆斯林家庭為子女報讀伊斯蘭學校的意欲。在各種因素影響下，本地的伊斯蘭學校被置於一個兩難的局面，一方面為了開拓生源而增加非華裔學生的數量，但卻同時使到華人穆斯林學生比例不斷下降。

類似情況在二〇〇〇年代開始也出現在伊斯蘭英文中學。在一九九七年，為解決校址設施老化的問題，原設於北角雲景道的伊斯蘭英文中學獲政府批地並遷住港島東的柴灣，遷校後易名為「伊斯蘭脫維善紀念中學」來紀念前博愛社主席脫維善對香港華人穆斯林社群的貢獻。

由於香港的生育率持續處於低水平，而適齡的學童人口也日漸下降，這使到各中學之間的收生競爭也愈趨白熱化。為了使學校能夠繼續生存，伊斯蘭中學都改變了他們的收生策略，利用其伊斯蘭宗教教育的辦學特色來吸引非華裔的穆斯林學生。這個策略使學生漸漸地以非華裔穆斯林學生為主，華人穆斯林學生的則

313／政府統計處，《人口普查 2011 主要報告：第一冊》，香港：政府統計處，2012 年；政府統計處，《人口普查 2001 主要報告：第一冊》，香港：政府統計處，2002 年。

成為少數，進一步突出了本地華人穆斯林社群在宗教承傳上的「斷層」問題。

四、討論：香港華人穆斯林社群傳承的「斷層」問題

博愛社作為本地主要的華人穆斯林社團組織，自一九二〇年代已經開始在香港辦學。最初的辦學目的是為本地華人穆斯林子弟提供免費的教育機會，改善他們的社會經濟地位之餘，也讓他們能夠接受系統性的現代伊斯蘭教育，學習研讀《古蘭經》和各種伊斯蘭的基本知識。長遠而言，博愛社是希望能夠在香港建立一個完善的伊斯蘭學校體系，讓華人穆斯林子弟能夠從幼稚園開始以「一條龍」的形式升讀小學和中學，培養本地的伊斯蘭宗教人才。

博愛社自一九七〇年代起便成功擴展了其伊斯蘭學校的網絡，創辦了新的中

小學和幼稚園（見表一），成為香港最重要的伊斯蘭辦學團體，對於推動本地現代伊斯蘭教育的發展扮演著不可取代的角色。

博愛社為了讓旗下的學校能夠獲得更為穩定的教學資源，以及讓畢業生能更容易融入主流社會，改善他們的升學和就業前景，在戰後便積極把私營的伊斯蘭學校轉型為政府資助學校，並接受政府的監管，讓校內的課程及師資標準與其他本地主流學校接軌。博愛社所創辦的學校最終都被納入本地主流正規的教育系統中，但也使到博愛社對學校的實際管理權在一定程度上被削弱。為了符合政府所制定的課程大綱和滿足公開試的科目要求，伊斯蘭學校在實際教學時會以現代教育為軸，傳統伊斯蘭教育為輔。博愛社在辦學上所採取的務實態度，也反映了華人穆斯林社群在戰後實行在地化和積極融入主流社會的決心。

然而，作為主流教育系統一部分，伊斯蘭學校自然也需要面對香港整體生育率下降，適齡學童減少的問題，並且需要與其他學校競爭新生來源。伊斯蘭小學和中學因此自二〇〇〇年代起制定新的收生策略，利用其設有伊斯蘭教育的課程特色吸引了不少非華裔穆斯林學生報讀，使到學生的人數能夠滿足持續營運的條件。

表一：中華回教博愛社香港辦學年表

	校名	開辦年期	校址所處地區
1	中華回教博愛社義學校	1921 年至 1981 年	灣仔
2	伊斯蘭英文中學校	1970 年至 1997 年	位於北角，1997 年遷至柴灣並更名為「伊斯蘭脫維善紀念中學」營運至今。
3	伊斯蘭學校	1980 年至今	屯門
4	伊斯蘭鮑伯濤紀念小學	1996 年至今	黃大仙慈雲山
5	伊斯蘭幼稚園	1984 年至 1993 年	屯門
6	伊斯蘭博愛幼稚園	1988 年至今	青衣
7	伊斯蘭脫維善紀念幼稚園	1993 年至 2004 年	天水圍

然而，主打伊斯蘭宗教教育的這個「賣點」，對於華人穆斯林家長而言卻不太吸引，校內非華裔穆斯林的學生比例逐漸大幅拋離華人穆斯林，現時只有少數的華人穆斯林學生入讀伊斯蘭學校並接受正規伊斯蘭宗教教育。儘管博愛社已經在香港建立起伊斯蘭學校由幼稚園到中學的升學階梯，但華人穆斯林學生的數目卻大不如前，而願意繼續深造伊斯蘭知識和投身宗教事業的年輕華人穆斯林，則更是鳳毛麟角。

這反映了當前香港華人穆斯林社群，在宗教傳承方面出現了青黃不接的問題。現時本地華人穆斯林社群的領袖人物大都年事已高，而在本地華人穆斯林社群中聲望極高前博愛社主席脫志賢和張廣義阿訇，也分別在二〇一二年和二〇一三年離世。經歷了八十多年的本地伊斯蘭教育發展，土生土長的的華人伊斯蘭宗教人才仍然相當缺乏。阿訇作為清真寺的領袖人物，除了主持日常的宗教儀式和活動，也是穆斯林社群的領導者，為教胞解決宗教上的疑難和解讀《古蘭經》的內容。因此，要成功當上一名阿訇，需要有深厚的宗教知識基礎，並需要到埃及、沙特阿拉伯、鈙利亞等伊斯蘭宗教教育較為發達的地區深造，方能有足夠的知識來擔任阿訇一職。本地年輕一代華人穆斯林所能接受的伊斯蘭教育非常有限，願意長期鑽研並到海外深造伊斯蘭知識者則更為稀少。因此，本地華人穆斯林的宗教人才一直存在相當大缺口，需要從其他地方延聘阿訇來填補需求。

宗教教育對於宗教的傳承而言非常重要，尤其伊斯蘭在香港屬於小眾宗教，伊斯蘭教育對於穆斯林身分的建立和認同有著關鍵的作用。透過伊斯蘭教育來學習有關伊斯蘭的文化以及儀式的內容，是建立穆斯林生活模式和宗教身分認同的必需的過程。

但在香港這高度世俗化的資本主義社會中，很多華人穆斯林家長為保生計及改善家庭的社經條件，對事業發展投入大量的心力和時間，對伊斯蘭的文化和教義也掌握得不夠透徹。本地的伊斯蘭學校則因升學率不如理想等各種原因而無法吸引華人穆斯林學童就讀，這導致到新一代華人穆斯林在薄弱的宗教氣氛中長大。以往華人穆斯林聚集而居的情形也不復見，年輕華人穆斯林的宗教意識自然日益薄弱，使到華人穆斯林社群的傳承出現了「斷層」的情況，是當前本地華人穆斯林社群的重大挑戰。

本文以宗教教育作為切入點，了解本地伊斯蘭教育發展的歷程及轉變。香港伊斯蘭教育發展的過程本身，也是本地華人穆斯林社群積極實行「在地化」的體現。本地的伊斯蘭教育從一九二〇年代草創開始便捨棄了傳統「經堂教育」的模式，而是直接授用現代小學的教學模式，宗教教育在學校課程中則主要扮演輔助角色。這一點也反映了早期的華人穆斯林社團領袖已察覺到，在港穆斯林教胞與香港主流社會融合的重要性。戰後博愛社旗下各校轉型為政府津貼學校後，博愛社宗教領袖也漸漸地淡出學校校務，而學校的宗教色彩也進一步被「中立化」，各項課程及師資內容都需要受到政府的監管。但是香港自一九七〇年代起經濟和社會環境急速改變，為本地華人穆斯林的辦學事業帶了始料不及的變化。經歷多年的發展，從幼稚園到小學和中學階段都設有博愛社主辦的伊斯蘭學校，建成了一條清晰的升學階梯；但是華人穆斯林學生的比例卻一直呈下降的趨勢，本地華人穆斯林社群漸漸出現了青黃不接的「斷層」情況。

如何重新建構年輕華人穆斯林對於伊斯蘭的身分認同，是華人穆斯林社群的當務之急。這方面的工作似乎不應再單靠興辦學校這種形式教育的方式來達致，更多是需要採取非形式教育的方針，協助年青的華人穆斯林在日常生活中學習實踐穆斯林的生活方式。另外一方面也需要提高華人穆斯林家庭本身對伊斯蘭的興趣和認知，增加華人穆斯林社群的內聚力。

此外，華人穆斯林社群也應該更系統地整理和研究屬於華人穆斯林社群的歷史文獻和資料，建立社群的資料庫，讓年輕的華人穆斯林和社會大眾能夠更了解社群的歷史和演變，改變大眾對於伊斯蘭的誤解和陳規成見；並藉此增加社群的曝光度，增強年輕華人穆斯林對於宗教和社群的歸屬感。長遠而言，本地的華人穆斯林社團如博愛社也需要了解華人穆斯林家庭和學生的需要，提升華人穆斯林家長的宗教意識，並思考如何吸引更多華人穆斯林子弟入讀伊斯蘭學校，在家庭和學校兩方面雙管齊下來增加年青華人穆斯林對伊斯蘭文化知識的認識，重新建立起他們對本地華人穆斯林社群的認同和信任。

道教與性交在香港

——關煜星・一八四一出版

「性交轉運」，在香港向來與神棍騙財騙色掛鈎，在一般大眾眼中是迷信和愚昧，在大部分道教教眾眼中，更是敗壞風氣的邪門異端。類似案件在香港的法庭多以「非禮」、「詐騙」甚至「強姦」作結，亦是肯定以上看法。在這類案件中，法官多以迷信蠱惑、存心詐騙和不當脅逼為由，將「性交轉運」掃出「宗教儀式」之列而判罪。本文則認為香港法庭處理與「性交轉運」相關案件的判決與手法，揭示了當代法制在處理宗教問題的局限。法庭尊重「宗教自由」和「多元包容」，但這兩個概念是有前提和邊界。在小眾儀式或新興宗教這些「極端例子」身上，這些界線和前設變得明顯，亦帶出一個問題：既然宗教自由與包容是有極限和底線，那「屬世」的法庭是憑什麼去判斷「屬靈」的問題？在云云信仰之中，法庭又是如何辨別何謂尊重包容的「正統」，何謂罪有應得的「異端」？

一、信仰，詐騙，性侵：「性交轉運」在此世法律的交叉點

「性交轉運」一事，顧名思義即是以性愛交合為媒而施行的法術儀式，所謂「轉運」也只是個籠統描述，以往案例中亦包括求胎生子、辟邪驅鬼、事業順遂，甚或者「轉換法力」。一般而言，施術者會向受術者聲稱自己擁有超自然的法力，能以性交的方式，為後者作法。在法庭眼中，如經雙方在充分資訊而心智健全之下同意，則與一般性行為無異。問題是，當「性交」是建基於「轉運」的前提時，在香港法庭眼中就有詐騙、威嚇或不當影響（undue duress）的成分，繼而確立性侵犯罪之實，以非禮、強姦或者「以虛假藉口促致他人作非法的性行為」[314]檢控，定罪率相當之高。[315]法律學者陳建霖就指出當中的法理問題：

「類似控罪將『詐騙』與宗教教旨和儀式拉上關係，亦帶出重大的觀念和憲

法問題。法院如何得出被告關於超自然力量以及性行為是宗教儀式的一部分的主張是錯誤的結論？在一個現代世俗民主制度中，無論是美國憲法、英國普通法、抑或是歐洲人權法院詮釋的國際人權法案下，世俗政權受限於辯理屬靈問題。法院在調查案件事情真相時，又是否同樣受限？」[316]

香港基本法第六章列明：「政府不限制宗教信仰自由，不干預宗教組織的內部事務，不限制與香港特別行政區法律沒有抵觸的宗教活動。」[317] 一九九七年香港主權從英國移交至中國後，仍然沿用前宗主英國的普通法法制[318]。在涉及宗教

314／基本法，第二百章《刑事罪行條例》，第一百二十條 https://www.elegislation.gov.hk/hk/cap200!zh-Hant-HK?INDEX_CS=N

315／陳建霖，〈裝神（扮愛？）求上床：香港以「宗教作虛假陳述以性交」定為刑事犯罪的案例研究〉，《Cornell International Law Journal》，第 51 卷 第 3 期（2018 年 ），頁 553-607，https://papers.ssrn.com/sol3/papers.cfm?abstract_id=3346210，頁 557。

316／Ibid, 558 頁

317／基本法，第六章，第一百四十一條。

318／二零二零年後，香港法制環境及基礎或有改變，詳見二零二零年，梁國雄 訴 香港律政司 . (No 2) [2020] 2 HKLRD 771 一案中香港法官的裁決，亦見《香港奇案》的法理分析：https://strangelawcases.blogspot.com/2021/01/reconciling-apparent-inconsistencies.html

自由和人權，亦時常參考歐洲、美國與英國的過往案例和法理基準。[319]其中之一，就是基於尊重宗教信仰自由，世俗法庭在審理與信仰有關案件期間，不會辨別宗教真理（religious truth）正確與否，而是以「真誠測試」（sincerity test）判定被告信仰真誠與否，以及其行為是否受憲法涵蓋保護。[320]由此，法官將自己局限於評估證人可信度的舒適區，避免在教條這些基本性的問題上作判斷，從而捲入宗教爭議。[321]

「性交轉運」在港案例頗豐，陳建霖作疏理後發現香港法官審理和判刑時，都對被告，亦即施術者，抱持相當的懷疑和偏見，從判詞中或多或少都先入為主地認為「性交轉運」為無稽之談，甚至是邪教迷信。[322]二〇〇七年，香港有一貨車司機歐陽國富自稱得有「神功」和「仙骨」，以「雙修」和「茅山法事」為由，與一名事業不順遂的模特兒發生九次性關係，其中包括口交和性交。歐陽國富更稱自己法力高強，毋須避孕措施都不會令對方懷孕。事後，事主發現懷孕，才意識到自己受騙，報案後被告因而落網。[323]

該案著眼點有二，一是控方呈上道教青松觀的董事局總秘書作專家證人。青松觀是香港規模最大的道教慈善團體之一，創於一九五〇年，及後以慈善事業起家。[324]該證人作供稱，「江蘇有一座『茅山』，而那裡有幾座道觀，但教士不會自稱『茅山師傅』，而道教的教士不會要人赤裸做『法事』。」[325]由此可見，控方傳召青松觀總秘書，無非就是作為道教的權威，點撥出道教教義中並無「性交轉運」一事，被告自稱施行「茅山法事」亦屬實無稽之談。二是該案法官判詞說法：

「我既不接受也不相信，任何以幫助他人和倡導仁慈為基本價值的宗教或信

319／Interpreting Constitutional Rights and Permissible Restrictions. In Chan, JSC & Lim, CL (Eds.), Law of the Hong Kong Constitution (2nd ed.), p. 565-619. Hong Kong: Sweet & Maxwell, 2015 565, 576– 77 (Johannes Chan & C.L. Lim eds., 2d ed. 2015)

320／See EUR. CT. H.R., RESEARCH DIV., supra note 27, at 19. See also Anna Su, Judging Religious Sincerity, 5 OXFORD J.L. & RELIGION 28, 36– 37 (2016)

321／Su, supra note 131, at 39.

322／陳建霖，2018, 560、576 頁

323／香港特別行政區訴歐陽國富，（CACC 41/2010）

324／https://www.ccta.com.hk/001_Introduction.htm

325／香港特別行政區訴歐陽國富，（CACC 41/2010）

仰，會將凡人的性慾作為宗教崇拜或儀式的組成部分。如果真的有這樣的教義，我認為那只是異端和邪教，他們試圖利用這些教義和扭曲的邏輯來滿足自己的慾望。這些人只是將性交包裝成宗教或神秘的產品。」[326]

首先，該專家證人雖然出自青松觀，但是否又能代表道教全體，直接表明道教教士並無赤裸做法事的做法？再者，在法庭之上辯明道教教義包含什麼，不包含甚麼，亦似乎與基本法中「不干預宗教組織的內部事務」相違背。法官其後的判詞，直接表明他對「正統」與「異端」其實心中早有界線，亦是他對「宗教真相」的理解和定義。被告亦有辯方證人指出作法後運程、健康和精神狀態皆有改善。「性交轉運」法事之後，運氣有否改善，其中的因果關係與客觀事實法庭是難以檢證。[327]二〇一二年初，案件申請上訴後，上訴庭法官就將虛假藉口的方向，放在被告承認「性交法事」並不包含口交，以及事主放棄模特兒生涯轉職文員，不需轉運後，依然強逼事主口交和性交，因而判斷歐陽國富並非真誠為人改運。

最後，上訴庭駁回定罪申請，只有刑期上訴得直，由六年九個月減至五年。

二、「性交轉運」與房中術之間的異同

出自青松觀的專家證人在庭上提到，道教並無赤裸法事，但宗教信仰並非鐵板一塊，恆古不變。林富士在《略論早期道教與房中術的關係》一文中指出，早於戰國以及秦漢時期，中國對性愛交歡已經有相當成熟的知識系統並稱之為「房中術」。「房中術」的傳承，則與東漢年間的道教徒對性方面的理論研究和實際傳授有關[328]，與性愛有關的習俗在道教中也明顯比其他宗教（猶太／佛教／伊斯

326／Au Yeung Kwok-Fu, H.K.C. 223，pp. 141
327／陳建霖，2018，頁 572
328／林富士，〈略論早期道教與房中術的關係〉，《中央研究院歷史語言研究所集刊》，第 72 卷第 2 期（2001 年），頁 224。

蘭）更受重視。[329]六朝時期，道教其中一個派別「天師道」就將「房中術」視為「消災遺禍、治病養生、長生成仙的方法。」[330]同時期，道教各派別就已經對於「房中術」功效為何各有爭辯，取態不一。以葛洪為代表的「葛氏道」，著有《神仙傳》，則充分表達該派別對「房中術」在「延年益壽，採陽補陰」的功效。對葛洪而言，「房中術」雖然重要，但功用有限，修道者單憑房事不足以成仙。[331]其中一個有一「上清派」主張應滅絕色慾，抨擊「房中術」阻礙徒眾修道成仙。[332]

道教宗派枝繁葉茂，習俗各有傳承，經文各有詮釋。單是「房中術」一門，在六朝年間，就已經有相當熱烈的辯論。在現今香港，假設我們接受以下說法：法庭尊重道教，請「青松觀」代表出山解惑，法庭只執「青松觀」一詞，恐怕是忽略了道教其中的多元和異同性。再退一步，如上文述，法庭接受「青松觀」董事會秘書在道教方面的專家證人身份，也代表法庭認受了個別人士在某一宗教領域上具權威性，肯定了其所屬教派能在法庭上代表道教，變相是參與了宗教各派中「正道」與「邪道」，「正統」與「異端」的拉扯之中。本文並非質疑該位專家證人在道教上的專業知識，但該做法似乎亦與「政府不干預宗教組織的內部事務」

的原則相違背。由此可見，「屬世」的法庭與「屬靈」的宗教之間的界線，並非如此分明。宗教信仰本身，亦非只限於精神和心靈的世界。

事實上，研究道教信仰的學者就指出道教在中國與其被「視為實體，不如說是動態性存在，或是一個衝突的舞台」[333]。撇除代表「正統道教」仕紳集團鎮壓和批判民間傳承的「異端道教」[334]，各個民間集團都有以宗教的儀式和符號來回應當時社會的問題和價值觀，拉高自己的社經地位。所謂「衝突的舞台」，就是指法術和儀式除了是宗教文化的體現和傳承，亦是經濟和社會地位的拉鋸戰。求神問卜、扶乩受驚、捉鬼驅邪，這些都是道教傳承關鍵的宗教儀式。他們與「性交轉

329／ibid，288頁
330／ibid，265至267頁
331／ibid，265頁
332／ibid，284頁
333／Teiser, Stephen F. "Popular Religion." The Journal of Asian Studies 54, no. 2 (1995): 378–95. https://doi.org/10.2307/2058743. 378-379頁
334／J. J. M. De groot, Sectarianism and religious persecution in China, a page in the history of religion volume one, Nabu Press, 2012

運」的分別，在於與當代價值觀和道德倫理的抵觸，而不是經書記載或傳承正統與否。值得一提的是，「青松觀」一九五〇年於香港創立，起初是以扶乩問卜起家，但六〇年代開始「相對降溫」，轉向提供中醫、養老和喪葬禮儀等服務，成為「現代香港道堂的雛形」[335]，也是宗教信仰對社會問題有著敏銳觸覺，並精準回應的最佳例子。

陳建霖寫到：「世俗法庭以詐騙形式起訴『性交轉運』案，本身就是對宗教作監管，影響的是性的領域，也是宗教的領域。」[336]當然，本文並非為「性交轉運」這一行為洗白脫罪。在信仰神域之中，世俗法制要如何遊走，以達致公平正義的審判，答案似乎比起認為「性交轉運」只屬「異端和邪教」的那位法官來得複雜，黑白不至那麼分明。在香港，政府對於宗教，尤其是中國傳統宗教的管制亦比其他信仰來得嚴格。港英政府於一九二八年通過《華人廟宇條例》，設立「華人廟宇委員會」[337]，規定「任何華人廟宇均須按照本（該）條例的條文註冊，否則不得予以設立或維持」[338]。陳建霖就指出該法例側寫出當時殖民政府對華人傳統宗教的偏見，亦是直接違反香港基本法在宗教自由方面的原則。[339]雖然註冊後，廟宇財政相對透明，對公眾而言更具誠信，但歸根究底，這也只是「此世」的俗務，最終與善信們的信仰和精神世界完全無關。[340]該法例於二〇一五年，事隔八十七年，終於再作公眾諮詢，及後由強制註冊改為自願註冊，委員會自主監督。[341]雖然條款減辣，但世俗政權設立平台，予已有一定規模的宗教團體註冊，無疑是為各宗門教派，在量度正統與權威性的天秤上，添上自己的砝碼。

335／志賀市子（宋軍中譯），《香港道教與扶乩信仰：歷史與認同》，香港中文大學出版社，2013年，頁266。

336／陳建霖，2018，607頁。

337／https://www.ctc.org.hk/committee-intro/#?tab_id=commitee_a

338／基本法，第153章《華人廟宇條例》。

339／Jianlin Chen, Hong Kong's Chinese Temples Ordinance: A Cautionary Case Study of Discriminatory and Misguided Regulation of Religious Fraud, 33(3) JOURNAL OF LAW & RELIGION 421 (2018), doi:10.1017/jlr.2019.10

340／Ibid, 4頁

341／檢討《華人廟宇條例》公眾諮詢文件，https://www.gov.hk/tc/residents/government/publication/consultation/docs/2015/RCTO.pdf

三、結論

「性交轉運」乍看之下荒誕絕倫，是邪念與愚昧交織而成的鬧劇，歐陽國富一案中，原審法官在判詞中提到被告是神棍，受害人「思想簡單」342。於法而言，事情可能就是如此黑白分明，亦必須要判得黑白分明，但於俗於靈，於欲於理，「性交轉運」卻是揭露了世俗法律與屬靈信仰之間的交錯點，亦揭示了大眾和小眾教派之間正統與異端的拉鋸。法律保障宗教自由，是否亦賦予權力去審判何謂「宗教」？此世的法庭參與以上「正統／異端」的討論是以什麼作基準？「屬世」的法庭無可避免會審判「屬靈」的宗教，踩入其背後的社群、文化、甚至是哲學理念的拉扯，所以在討論和審理時，更應謹慎而開明。

托維克爾（Alexis de Tocqueville）在《論美國的民主》（Democracy in America）一書中就明確指出美國獨立以後，宗教在民主憲政以及法制的中心地位，此時為主流新教價值觀亦深入其中。他認為宗教和憲法互相糅合，可以為民主社會在心靈和道德層面把關，亦在書中預測這種環境不會再有另一宗教興起。但是，同時期摩門教等新興宗教在美國興起，站在社會的邊緣，也站在法律的對立面。時至今日，摩門教已由當年的小眾，逐漸坐穩陣腳，踏入主流社會，司法制度對待他們時，又是否有所改變？事實上，歐陽國富一案上訴得直後，曾引起香港司法界討論，香港法律改革委員會亦就上訴有所檢討。可是，著眼點在於「非法性交」一詞之中，「非法」二字是多餘，至於「宗教自由」則乏人問津[343]。

342／香港特別行政區訴歐陽國富，（CACC 41/2010）

343／香港法律改革委員會，性罪行檢討小組委員會，《涉及兒童及精神缺損人士的性罪行》，2016年，https://www.hkreform.gov.hk/tc/docs/sexoffchild_c.pdf。

拿督公與族群關係在馬來西亞

——莫家浩・南方大學學院中華語言文化學院助理教授
兼華人族群與文化研究所所長

一、前言

華人是馬來西亞第二大族群，根據二〇二〇年人口普查數據，馬來西亞有六百九十萬華裔國民，人口僅次於馬來裔。但從人口比例來說，華裔其實僅佔馬來西亞總人口的百分之廿三，遠低於佔國內總人口達二千萬的馬來裔。在此基礎上，若從人口角度觀之，華人宗教（Chinese Religion）信徒的數量，在考慮到伊斯蘭（佔全國人口百分之六十三）、基督宗教（百分之九）及佛教（百分之十八）之後，其信徒人數顯然會比華裔的全國人口比例還要低，符合馬來西亞「小眾宗教」的範疇。[344]

344／ Launching of Report on The Key Findings Population and Housing Census of Malaysia 2020, Department of Statistic Malaysia, 14th February 2022.

在馬來西亞各地，尤其是華人人口聚集的街道、村鎮或現代住宅區，行人不難在街頭巷尾看見一種小神龕，裡面或端坐著身穿馬來上衣（baju）及圍幔（sarong，或譯紗籠）、頭戴宋谷帽（Songkok）、手持克里斯短劍（Keris），外觀充滿馬來穆斯林長者特徵的塑像或畫像，又或只是簡單題上「拿督公」字樣的神位碑，甚至竟僅僅是一塊石頭、一段樹木或一座白蟻窩，神前除了中式的香爐，往往也擺著檳榔、荖葉、甘文煙（Kemenyan）、香烟雪茄及泡好的咖啡等供品。有時候在神龕上或信眾口中，可以得知此處供奉的拿督公名諱——絕大多數都是符合馬來穆斯林取名習慣的名字——如果運氣好，或許還能聽到或讀到關於那位拿督公的由來傳說，了解其性格喜好，以及各種包括但不限於求財、鎮煞的靈驗故事。[345]

學界普遍認為，上述形態各異、供品在地化、擁有人格的「拿督公」，其信仰形式雖與華人在中國原鄉供奉土地公的方式如出一轍，惟作為中國和南洋文化交融後的產物，「無論是字面上、形式上或是神明本身的性質上，都展現了華夷元素的融合」。[346]在馬來西亞本地華人宗教信仰裡，「拿督公」更常常是與「非華人」、「穆斯林」等元素密切相關的神祇，誠如學者所斷言，乃與「科拉邁」（Keramat）——一種混合了伊斯蘭元素的聖者或聖跡崇拜，流行於馬來群島的泛靈信仰關係密切；然而拿督公亦非純粹是科拉邁信仰的衍生，而是混雜了華人既有的土地神概念。[347] 換言之，拿督公信仰是作為小眾宗教的馬來西亞華人宗教當中的一份子，屬於當地多元文化元素交融後產生的信仰模式，既是華人移民融入當地主流的表徵，也是曾經主流的在地宗教兼容並蓄的體現。

345／關於拿督公的各類形態、傳說與儀式特徵的基本認識，可參閱陳愛梅主編：《拿督公研究：史料與田野調查》，雙溪龍：拉曼大學出版社，2024年。

346／白偉權：《赤道線的南洋密碼：台灣@馬來半島的跨域文化田野踏查誌》，臺北：麥田出版，2022年，頁178。

347／陳愛梅主編：《拿督公研究：史料與田野調查》，頁27。

二、從科拉邁到拿督公

溯本追源，最早關注並研究馬來半島科拉邁信仰，是當地的英殖民政府官員。斯基特在其出版於一九〇〇年的著作《馬來魔法》（Malay Magic）中記錄了他對科拉邁信仰的研究心得，認為它是早於伊斯蘭教傳入以前便已在當地流行的原始信仰，是類似於地方保護神的存在。在斯基特看來，馬來人相信萬物有靈，且具備操縱自然界的力量，這些有力的神靈可以各種形態現世；此外，當人賢能的祖輩去世後，其靈魂仍將繼續保佑在此生活的後代子孫，這些靈性的力量，皆可歸類為科拉邁。[348] 一九二四年，溫斯德在斯基特的基礎上，對科拉邁信仰進行普查，記錄了當時近五十處科拉邁信仰的形態與傳說，並將之分為六類，即：（一）自然物體，如岩石、山頂、海角和漩渦；（二）神聖的老虎和鱷魚；（三）術士的墳墓；（四）拓荒先驅的墳墓；（五）穆斯林聖人的墳墓；及（六）在世的穆斯林聖人。溫斯德將科拉邁信仰與印度教及伊斯蘭蘇菲主義相聯繫，認為前者深受後者的宗教思想與祭祀儀式所影響，馬來世界曾深受印度文化影響，而在伊斯蘭傳入後，科拉邁信仰融入了伊斯蘭教義，被重新包裝成具有伊斯蘭色彩的精靈崇拜，但即便如此，非伊斯蘭元素的祭祀、祈福、驅邪等活動依然存在其中。[349]概言之，科拉邁信仰是在馬來原始泛靈崇拜的基礎上，在歷史不同時期受到印度化及伊斯蘭化的影響而形成、充滿綜攝融合（Syncretism）色彩的東南亞宗教信仰。

拿督公信仰與科拉邁信仰有著千絲萬縷的關係，但卻也不盡相同。一般相信，「拿督」（Datuk/Dato）與「公」分別在馬來語與華語中具有「祖父」的意涵，也同時可以引申為一種「受尊敬長輩的尊稱」[350]，是稱呼地方頭人名諱時要加上的

348／W. W. Skeat, Malay Magic (New York: The Macmillan Company, 1900), p. 61-70.

349／R. O. Winstedt, Karamat: Sacred Places and Persons in Malaya. Journal of the Malayan Branch of the Royal Asiatic Society, Vol. 2(3)(1924), p. 264–279.

350／吳佳翰：〈從神殿、英靈到蟻丘：沙巴拿督公信仰的多樣實踐〉，《亞太研究論壇》第 67 期，2021 年，頁 65-69。

字眼。

在馬來西亞華人的拿督公信仰中，拿督公大都以某位具備馬來土著身分的神靈之姿接受祭祀，並且往往被視為掌控著某一特定地域或水域，因此人們可以通過崇拜他以獲取在該區域居住或謀生的安寧興旺，協助昔日的華僑及如今的華裔剋服在這片土地上所面對的陌生環境、他族、疾病、財務盈虧等不確定因素。「早年的華人礦場幾乎都會安奉拿督公，礦工們每天早晚均須膜拜拿督公，以保護工作安全，避免意外事件發生，同時期望藉由神力召喚大量錫苗。對於討海的漁民而言，不同海域也有它所屬的拿督公，人們也會在海中插上長長的竹製旗杆，表示拿督公的存在，有的則會在海上建立獨立的拿督公小廟用以祭祀。」[351]

長久以來，科拉邁崇拜並不僅限於馬來族群參與，也有不少包括華人在內參與祭祀的史料記錄留存至今。一九六九年，馬來西亞首都吉隆坡發生族群衝突，此後越來越多馬來半島西海岸華人和馬來人一起祭拜拿督公，並被學者解釋為華人試圖淡化族群衝突、融入馬來社會的表現。一九八〇年代，馬來西亞的馬來社會在伊斯蘭復興運動下逐漸遠離科拉邁崇拜，華人反倒成為了公開崇拜科拉邁信仰及拿督公信仰的主體信眾。因此在一九九〇年代後的拿督公崇拜便越發趨於漢化（sinicized），形成在信徒結構及宗教觀念都以華人為本位，僅在神明身分及祭祀元素中局部保留科拉邁崇拜色彩的本地華人民間信仰。[352]

我在二〇一三年前後考察邊佳蘭（Pengerang）的護福廟神誕時，注意到乩童會特別在村子某戶人家的空地上（到時設置戲臺的地方）請示拜祭大樹下的拿督公，神誕期間也會降神在乩童身上。當時護福廟的乩童曾向我解釋，那樹下住著的是拿督瓦希德（Datuk Wahid），二〇〇〇年前後護福廟復辦神誕大戲後，拿督附身於他，表明身分，說他允許廟方使用這塊空地辦神誕，但條件是別在樹前煮賣豬肉。於是後來護福廟的神誕都將樹下的位置保留給馬來村民擺檔了。這種詮

351／白偉權：《赤道線的南洋密碼：台灣@馬來半島的跨域文化田野踏查誌》，頁164。

352／Cheu Hock Tong, The Datuk Gong Spirit Cult Movement in Penang: Being and Belonging in Multi-ethnic Malaysia. Journal of Southeast Asian Studies, Vol. 23(1)(1992), p. 381–404; Cheu Hock Tong, Malay Keramat, Chinese Worshippers: The Sinicization of Malay Keramats in Malaysia (Singapore: National University of Singapore, 1996), p. 17-19.

釋本身，既解決了土地使用的神聖授權，也實現了村內族群親善。353 作為案例，拿督瓦希德的顯靈故事，體現了當代拿督公信仰一大重點：從華人的視角出發，以「馬來神」的身分解釋與解決包含族群糾紛在內的社會生活難題。

三、演繹與爭論

近三十年來，學術界關於拿督公信仰的討論，基本環繞著兩大主題來展開，一是拿督公的種族身分，二是拿督公的神格。從馬來半島的經驗出發，從神明形象、祭祀方式、神話傳說的形態來觀察，呈現在普羅大眾認知中的拿督公，大都被賦予顯著的「馬來」及「穆斯林」身分的符號象徵。但此一現象似乎多出現在馬來西亞的馬來半島地區（西馬），而在地處婆羅洲北側的東馬則有所不同。例如蔡靜芬便指出，在包含東馬砂拉越州西南部在內的西婆羅洲區域華人，便以當地原住民達雅人（Dayak）為原型，產生出非穆斯林形象的啦督公（Latok Kong）崇拜。[354] 即便在西馬也尚能找到不少在被信眾認為在種族身分上屬於「非馬來」、「非穆斯林」的拿督公或拿督娘神祇，例如新加坡烏敏島有座名叫「柏林苑」的小廟，裡頭供奉的神明，相傳生前是德國裔少女，為當地咖啡園丘地主千金，戰時逃難不幸身亡，事後島民為其立廟安魂，於是成了金髮碧眼穿著洋裝的「拿督姑娘」。[355] 甚至在馬來西亞的印度人社會裡也存在為數不多的「拿督」信仰，這些拿督們通常供奉在印度廟裡的紅色神龕，並通過華人乩童的方式迎請拿督降神附身，以便信徒向拿督公求助，滿足治病、求財等目的，拜祀拿督時，則以帶血的犧牲行祭，明顯不符合常見華人

353／莫家浩，〈拿督公論〉，《星洲日報》副刊（馬來西亞），2024年4月7日，頁23。

354／E. G. Chai, "The Veneration of Dayak Latok among Chinese in Singkawang, West Kalimantan", in Y. Hsu, W. Chang, & L. Lo, eds., Transnational Comparative Studies on the Earth God Belief: History, Ethnicity, Festival and Cultural Heritage (Maoli: Laureate, 2018), p. 299-303.

355／莫家浩，〈拿督公論〉，《星洲日報》副刊（馬來西亞），2024年4月7日，頁23。

祭祀拿督公時仿效的「穆斯林」特徵。[356]

上述拿督公身分特徵的多樣性，也關係到拿督公神格的解析。中文世界的學者普遍認為，馬來西亞華人的拿督公信仰發展經歷了漢化（Sinicization）的過程，即拿督公本非華人信仰，卻在華人參與崇拜的過程中，逐漸加入越來越多華人宗教觀念和屬性而最終形成。例如陳志明便認為拿督公是「非伊斯蘭教的馬來傳統的聖跡崇拜」與「華人在馬來半島對中國傳統土地神的再概念化」相結合，並由此在華人社會中衍生出唐番拿督（土地神的再概念化）、科拉邁崇拜（沒有被列入華人宗教，只是華人參與）及併入華人地方宗教的拿督公（華人自創，馬來人不參與）三種類型。[357]李豐楙則提出了「斯土斯神」及「王化仿效」的概念來解析拿督公信仰的形成，認為拿督公在一種在地化、「番人土地神」信仰，體現華人傳統中「崇德報功」與「華夷有別」的理念互補：「移民既遠在化外，就可自由取捨王化的資源，始可理解唐番有內外之分，也仍遺存了天朝意識，做為我族、我種的文化識別；華人社會仍然根源於神道精神，此一理念可長可久，才會複合了唐番土地的稱呼，也在年例節慶中依禮合祀，即華人宗教借此表達感恩的理念，乃為了對應多元化宗教，從而複合成功的信仰典型。」[358]

四、番神唐化？

作為拿督公漢化視角討論的衍生，陳愛梅與杜仲全以馬來西亞華人社會中常見土地公神龕中的「唐番地主財神」神位牌為楔子，提出在馬來西亞華人宗教觀

356／Solomon Rajah, Folk Hinduism: A study on the practice of blood sacrifice in Peninsular Malaysia from a Christian perspective (Manila: ATESEA, 2000), p. 59.

357／陳志明，〈東南亞華人的土地神與聖跡崇拜〉，《廣西民族學院學報》，2001 年第 1 期，頁 16-24。

358／李豐楙，〈斯土斯神：馬華社會中敬祀土地的理念移植〉，載於徐雨村、張維安、羅烈師主編，《土地神信仰的跨國比較研究：歷史、族群、節慶與文化遺產》，苗栗：桂冠圖書，2018 年，頁 25-27。

中，守護土地的神明，既有「唐神」，也有「番神」。所謂「番神唐化」一詞，乃指像拿督公這般，「原是馬來人的泛靈信仰，經過華人的吸收和改造後，進而朝唐化發展，甚至產生華化現象。」[359]

如前所述，綜攝融合是科拉邁信仰長久發展以來的一大特徵，早期跨族群共同祭祀崇拜的情況並不罕見，馬來半島的華人移民不晚於十九世紀末便已開始接觸並接受拿督公信仰，但如周福堂等人的研究結果所示，卻是在一九七〇年代之後才開始在本質與數量上迅速「華化」，甚至可以說成是一種因為馬來西亞社會政治變遷而導致的「再華化」（Resinicization）過程。而正因如此，任何人在「番神漢化／華化／唐化」的框架下解釋拿督公信仰時，都應該能敏銳地察覺到此框架顯而易見的對應面：「番神」的「馬來化」——即把原本身分特徵多樣的拿督公形象統合為一種「馬來穆斯林」的刻板印象。例如在馬來半島中部的武來岸（Broga）有一座上百年的石拿督廟，當地華人相傳此「石拿督」（Sak Dato）原名石滿的礦工，是當地的原住民，據說某夜向其友人報夢，透露自己已在一個山洞里仙逝，事後人們果然在其所指的山洞中發現其遺體，便在山洞外替他埋葬修墓，後來發展成了石拿督廟。一九九〇年代初廟宇重建時，石滿之墓亦被遷葬，「選出風水吉地，以特別風格中巫合併式（修建）風水墓園」[360]。顯然，石滿在傳說中的人設迄今都是原住民（Orang Asli）而非馬來族，然而其「聖墓」卻在一九九〇年代以後被特意強調將修築成華人及馬來人風格的結合，或可視作上述「再華化」過程之一例。

其實無論是「番神華化」或「華神番化」，都很難解釋拿督公信仰迄今仍保有的各種充滿綜攝融合性質的多元空間，其中的「唐」、「番」的身分與位置往往可變的。例如馬登（Matang）著名的「蘇拿督」信仰傳說便至少有兩種版本：在馬來社會當中的說法，蘇拿督原為馬來巫師之徒，與馬來人情同手足，後來背棄並殺害很多馬來人，於是其巫師師父出馬，將蘇拿督變成鱷魚，變成鱷魚後的蘇拿

359／陳愛梅、杜忠全，〈番神唐化——馬來西亞拿督公信仰〉，《臺北大學中文學報》第 30 期（2021 年），頁 605。

360／筆者於 2023 年前往武來岸石拿督廟考察時，抄錄自豎立在石拿督墓旁的碑記（2023 年正月吉日立）。

督只咬華人，以致華人都懼怕蘇拿督，進而被華人奉為神明祭祀；在華人的民間傳說中則將蘇拿督說成一名刀槍不入、劫富濟貧的好漢，後來被白人殖民官員捕獲，處死後化為鱷魚，只與白人作對，殖民政府為求安撫，才封其為「拿督」。[361]

退一步言之，即便「唐」、「番」是一種身分與立場的區分，拿督公是否也可以成為兩者的共同主宰呢？自新山市區出發，沿着柔佛海峽往東走約十五公里，有一處名叫直落爪哇（Teluk Jawa）的海濱村落。一九七〇年代以前，村子邊緣的一棵大樹頭前有個神龕，神龕中有一口拿督公石香爐，被當地華人耆老咸認為那是直落爪哇最老的「廟」，口述中保有戰前便在此作酬神皮影戲、演潮樂、祭拜中元的記憶。一九七〇年代土地易手，外來的新地主請來道士，將拿督公請至直落爪哇外圍的一處義山上，因無人管理，石香爐不見了，最後義山也因開闢公路而夷平，拿督公廟亦隨之消失。縱然大樹、神龕與舊石爐都已不複存在，直落爪哇的華人卻沒有讓拿督公的慶中元中斷，據說在一九七〇年代被迫遷廟後，便將慶中元在村中易地而辦，至今近五十年未輟。以我二〇二三年農曆七月十五上午實地考察所見，普渡棚中一共有四張供桌及香爐，分別為天神、拿督、以及祭幽的兩桌。祭幽這兩桌有各自的香爐，據說也是昔日舊俗的延續：原本在舊址慶中元時，會在拿督公廟左右兩側各設一「亭」，分別祭拜「華人」及「番」之無主孤魂。所以即便改至新地點慶中元，也會依舊設上「華人」與「番」的供桌分開拜祭。依我觀察，兩桌供品其實雷同，唯獨「華人」孤魂的供品會有燒豬肉及酒類，而「番」孤魂的供品則沒有上述兩類酒肉，但會與拿督公一樣，多擺一道羊肉咖喱上桌。[362]

在我看來，直落爪哇慶中元習俗裡似乎又蘊含着一種華人視角下顯得質樸的多元移民社會歷史寓言：在庇護此方水土的拿督公統領主持下，孤魂既要區分唐、番，以不同文化對待；同時又一視同仁，一併接受普渡，如此一來，華人先輩方才自覺能在這片處處可見異族的土地上出入平安，六畜興旺。

361／李永球，《移國：太平華裔歷史人物集》，太平：南洋民間文化，2003年，頁11-14。
362／莫家浩，《臆造南洋：馬來半島的神鬼人獸》，臺北：一八四一出版，2024年，頁290-295。

五、結語

馬來群島的科拉邁信仰曾在歷史中呈現很強的包容性。近代華人移民及其後代，作為這片土地上一同生活的少數族裔，透過接納、詮釋和模仿科拉邁信仰，逐漸發展出富有華人宗教色彩的拿督公信仰，實為移民人群對於所在地的主流大眾文化靠攏的表現。而當原本崇拜科拉邁的主流群體，因為宗教改革運動而逐漸拋棄科拉邁信仰後，華人卻成為其「精神繼承者」，拿督公信仰蓬勃發揚，即便如此一來只會讓原本大眾化的科拉邁信仰掉入小眾宗教的欄目中，但卻不能改變拿督公信仰如其馬來群島根源一般，始終保持多元文化兼容性。

另一方面，歷經華化或再華化的當代拿督公信仰，卻在有意無意地成為族群身分刻板印象的固化現場。但這未必是絕對的惡事，而往往僅是對於歷史與現實中存在的族群文化與政治融合兼對立的一種重述，更多時候則是讓我們看到一種小眾宗教信仰如何可以在多元社會中發揮疏導族群與信仰之間局限的功能，並逐漸形成某種依附於多元之上的文化主體性。

大師對談，「側目、操戈與共存：東亞小眾宗教國際會議」紀錄

——李玉珍・國立政治大學宗教研究所

此次「側目、操戈與共存：東亞小眾宗教國際會議——亞洲新興宗教的跨界」會議，邀請我與義大利學者 Massimo Introvigne 教授對話，收穫頗豐，值得與各位讀者分享所得。Massimo 教授是目前新宗教研究的先驅學者，他對反邪教運動提綱挈領，指出五種模式，附加的區域特性、文化脈絡、學術觀點，非常適合入門者。

一、美國反對邪教，主要從妨害了個人的自由主義者入手，所以提出再教育「被洗腦」的信眾，重要工具即是媒體。

二、中國（包含臺灣）歷來從政府／朝廷視野反對邪教，所以不避免用警力、國家力量去壓抑邪教的發展。對照今天的中國共產極權國家政策，主要顧慮都是不准許宗教違反國家安全。

三、蘇俄是聯合國家宗教東正教打擊邪教。相對於東正教，認為邪教是一種極端主義者，而清算宗教極端主義者的責任就落在東正教。

四、法國向來將邪教視為分離主義者。源於歐洲傳統，法國政府將邪教歸於宗教內部的發展，而且屬於違反理性的範疇。如果違反理性，就容易傷害其他市民的安全，所以政府必須設立機構來處理。

五、日本具有宗教立法，對於所謂的邪教相當寬容。但是一九八九年前後遭遇奧姆真理教新興宗教的地下鐵毒氣攻擊，二〇二三年又發生安倍首相被反對統一教的人刺殺的事件。雖然刺殺不是統一教所為，但是在社會和諧的訴求下，日本政府開始禁止統一教。

上述 Mossimo 教授提出來的五種模式，其實反映當地對邪教、異端、新興宗教的發展，觀點不同。從發展觀而言，新宗教是宗教內部的發展所致，所有宗教都是從新的發展出來，歐洲學界較偏向此概念。但是像美國卻將新宗教視為邪惡，一九六〇年代以來美國學界以犯罪學研究新宗教。這種邏輯使得美國的世俗媒體推動反對新宗教的運動，而且採取保持距離以策安全的原則。所有宗教發展的過程中，難免有反對意見，當他們被視為異端，就成為邪教的開端。

問題是所有宗教的開始，或是宗教發展的程序，都有新宗教。歷史上不斷浮現宗教問題，當權者與宗教領導人必須針對某些人來處理，尤其遇到具有急迫性的議題時，如何詮釋就是一種挑戰。基於每個宗教本身的發展——譬如社會經濟情況改變，教會制度轉變，新的體驗或基本教義派的出現，往往也激發新的詮釋需要，或者新的發言人上台。但是不是每個新宗教詮釋會建立新宗教團體，此即所謂瘋子和先知之別。

筆者認為，從上述五個模式多少涉及政治干涉而言，顯示從新宗教到反對邪教運動之間，出現的正信宗教與正統宗教之別。西方學界早已注意到此問題，目前亞洲的新宗教運動亦面對此議題，特別當亞洲內部宗教平行傳播的趨勢已蔚成風尚。

以往亞洲新宗教的傳播是單方向往歐美，主力為移民，屬於歐美的族裔宗教範疇。某些族裔的移民第一代，將家鄉的宗教帶到新國度，在融入新社會時可以藉此強化移民認同，或者改信當地宗教以進入新國度，關鍵在第二代的信仰態度。新宗教運動則未必全部倚賴第二代移民，可以化身為文化性宗教，吸引非移民信徒。此時作為跨國宗教的新宗教鑲嵌的文化傳統，就比單一族裔的傳統定義更為寬廣，可以是泛亞洲、某某國家特性（如日本禪的神祕主義），也可以是更具心靈資本的另一種選擇。因為新宗教攜帶的傳統皆為外來，遭遇的質疑便以與主流宗教的衝突協調為要。但是在亞洲內部平行傳播的新宗教，新上加新，挑戰其合法性宗教地位，則是來自「正信」教派的質疑。

十九世紀末期出現的韓國新興宗教運動，其平行移植因長期被殖民的歷史，還帶有藉著宗教建立民族主體性的特質。所以韓國稱新興宗教為「民族宗教」，不論源於西方教派和體制，皆在復興以韓國人為主的新天新地。根據 Mossimo 的分析，韓國新宗教一定迎來彌賽亞式的人物，而且他必須是韓國人，在這個世界上建立一個新的宗教國度，以實現韓國的獨立。這種民族主義的特色非常普及，解釋當代韓國信仰新宗教的人口多於傳統制度性宗教（例如佛教）可知。而且韓國新宗教遍及基督宗教、佛教、民間宗教，使得正信／異端，主流／小眾的宗教爭議更加複雜。

筆者開始研究新宗教運動，因為新宗教提供女性更高的參與度和可見度。而新宗教給女性更多的機會，與宗教創立階段的需要有關。宗教創立之初需要信徒，一般女性具有斡旋開發人際網絡的能力，而且人脈帶來募款機會，所以女性能夠很快地聚集社會力量。譬如韓國大巡真理教的草創期，正遇到全國恐慌誘拐兒童案，大巡的女信徒在全國公園發起保護兒童運動，贈送手繡的兒童資料荷包，使得女性領袖在大巡的位階，因為吸收信徒數量巨大而升高。因此女性往往能夠在新宗教發展的早期進入管理階層，甚至獲得領導者地位。

新宗教創立的第二階段，方才是建立經典教義，以便往上神化其宗教領導權，往下藉教育鞏固人事布置。這種教團組織、神學系統的建立過程，將神授能力歸於能掌握文字的男性，而招募信徒的方式也改由制度化的弘法組織掌握。韋伯（Max Weber）將宗教權威劃分為魅力型權威以及法理型權威：前者每每威脅傳統型權威產生變革，而當承載魅力權威的「天選之人」逝去，權威則由「一個理性地被建立的管治單位，或傳統與科層單位結合下控制之科層組織」所取代，即法理型權威。韋伯的宗教權威理論忽略性別角色分工的差異。

筆者開始研究亞洲內部平行移植的新宗教，動機及是其賦與女性相對強的宗教參與和領導權力。韓國攝理教（簡稱 CGM）在臺的教會，基本上也有此特色。韓國民族主義強化的父權價值系統以宗教之名傳至臺灣——性別平等指數為亞洲之冠，如何傳並符合現代化論述，是值得研究的主題。

筆者認為韓國攝理教具有的普世救援態度較濃，趨向照顧弱勢，在跨國傳播過程中容易發展，甚至可以用來凸顯當地教會的不足（或習以為常的說法）。弔詭的以「外來資源」撼動原有的資源分配以及傳教方式，但是做為韓國的新宗教，此一平等特質反而隱而不顯。另一場域在臺灣的教會制度移植，由於韓國與臺灣的社會文化差異，加上到臺灣宣教的韓國牧師遠離中心後的威權停滯，也會附加到與臺灣當地教會的協調衝擊。創立十年以上，臺灣攝理教教會也在學習韓語，與韓國創教人努力學習，以發展本身。不同於主流教會的個別牧師魅力，韓國CGM 的權威仍集中於創辦人鄭牧師身上。相對的，在臺宣教的韓國的傳教士反而要適應臺灣以及韓國的狀況下，甚至出現自行發展新教義。當臺灣的 CGM 跨越語言隔閡（事實上，整個 CGM 越大語言越多元）後，並且成功複製韓國 CGM 的制度與弘法特色後，二十、三十年內便開始本土化的蛻變。從最早對大學生專門制定的教義訓練、運動與藝術活動，以及不斷返回韓國聖地與全亞洲青年交流，都促使臺灣 CGM 的年輕化取向高於大部分臺灣基督教會。

新宗教的性別議題十分複雜，可以說興敗皆由性別議題。臺灣 CGM 的女性聖職人員質量高於男性，相對的也受到性醜聞的攻訐。韓國與臺灣社會往往質疑新宗教的洗腦、性侵，往往被女性成員的數量「證實」。新宗教本來提供女性的管理權力，使她們的可見度高，也容易導致被視為傳統邪教的受害者。面對這種刻板印象，臺灣 CGM 的女性聖職人員和女信徒在回應性醜聞包袱時，經常是被傳播媒體更加弱化的。尤其當臺灣社會事先即不理解臺灣 CGM 提供女性的宗教平台，更無法顧及新宗教與女性的關係。

傳統攻擊邪教即偏重於性別議題，當代尤其涉及女大學生的對象時，她們的珍貴性（包含學歷和年輕）就更值得同情。相對她們作為知識分子和選擇讀深的主體性，就容易被忽略。社會大眾越加需要保護我們的女孩，弔詭的是，性別區分的二極化還包含男性加害者／保護者，而女性角色就更加孱弱無力。所以她們為自己的辯解又被歸入潛在受害者的範疇，可能更坐實被洗腦的結果。

以往對新宗教與女性的宗教參與，研究很少。像臺灣 CGM 這樣高學歷的年輕女聖職人員而言，參加的動機以及宗教實踐的方式，是否有別於其他基督教會？面對性醜聞，又如何在個人信仰以及公關機制上應對？她們的去留以及建立臺灣

CGM的主體性，會與其男性同儕差別嗎？上述問題都有待研究。臺灣CGM的高知識背景以及海外聖地架構，可能使他們對學者更加開放。

台灣目前反對新宗教的浪潮大致集中於媒體的攻擊，有趣的是，這次引起風波的也是外國媒體。不管媒體傳播的影響力如何，被攻擊的人很容易產生焦慮，諸如對教會的凝聚力、對創教人的信任、甚至對其信仰的質疑，都會有人動搖。有人離開教會，同時也有人將此番風波視為考驗，而且意識到本土化、主體性的必要。

筆者認為這種兩極化的反應，更能見證宗教發展的過程。至於法律措施、翻案文章的效果，筆者則是比較悲觀的，可能要訴諸時間。媒體對新宗教的協教化，主要是訴諸於社會和諧和安全，為了保護社會大眾，媒體的質疑模式就是把信眾鑲嵌在傳統邪教邪淫的模式。而所謂的清白，其實是涉及新宗教的教義詮釋，在宗教界碰觸的底線更深。簡單來說，詮釋耶穌教義的正確與否，詮釋者的身分足夠與否，甚至學習聖經的方式，都是底線。這些正所以標示新宗教的新，卻往往也尚在建構過程。上述兩種質疑，基本上很難對話。

1841
一八四一

何處不他鄉？
小眾宗教在東亞

主　　編　孔德維
作　　者　毛帝勝、孔德維、李新元、李威瀚、林皓賢、莫家浩、張　穎、黃天琦、曾建元、詹佳宜、蔡至哲、關煜星、盧惠娟、霍揚揚、羅樂然、龔惠嫻
責任編輯　緣二聿
文字校對　CM
封面設計　吳為彥
內文排版　王氏研創藝術有限公司
出　　版　一八四一出版有限公司
印　　刷　博客斯彩藝有限公司

2024 年 10 月　初版一刷
定價　420 台幣
ISBN　978-626-99017-1-5（平裝）

一·八·四·一

社　　長　沈旭暉
總 編 輯　孔德維
出版策劃　一八四一出版有限公司
地　　址　臺北市大同區民生西路 404 號 3 樓
發　　行　遠足文化事業股份有限公司
（讀書共和國出版集團）
郵撥帳號　19504465 遠足文化事業股份有限公司
電子信箱　enquiry@1841.co
法律顧問　華洋法律事務所 蘇文生律師

何處不他鄉？小眾宗教在東亞／毛帝勝、孔德維、李新元、李威瀚、林皓賢、莫家浩、張穎、黃天琦、曾建元、詹佳宜、蔡至哲、關煜星、盧惠娟、霍揚揚、羅樂然、龔惠嫻著；孔德維主編．－初版．－臺北市：一八四一出版有限公司出版；[新北市]：遠足文化事業股份有限公司發行，2024.10

面；　公分

ISBN 978-626-99017-1-5(平裝)

1.CST: 民間信仰 2.CST: 新興宗教 3.CST: 區域研究 4.CST: 東亞

276.07　　113014011

1841

一八四一